Gisela Weigl / Franz Wenzel

Die entschleierte Aura

Franz Wenzel

Gisela Weigl / Franz Wenzel

Die entschleierte Aura

Aquamarin Verlag

3. Auflage 1991

Voglherd 1 · D- 8018 Grafing

Druck und Bindung: Wiener Verlag, Himberg
Herstellung: P & P Lichtsatz GmbH, Grafing

ISBN 3-922936-25-3

Inhaltsverzeichnis

Meinen Söhnen Josef und Hans-Joachim,
ihren Freunden und der suchenden
Menschheit zugeeignet, um ihren Weg
durch ein kleines Licht zu erhellen.

Leben heißt: Leiden — lernen — lieben!

Das Leben ist voll Schmerz, Angst und Leid,
aber auch voll von Wundern und Geheimnissen.
Gott gab uns Augen, beides zu sehen —
wir brauchen sie nur zu öffnen.

Aus dem Leiden erwächst durch das Lernen die Kraft
göttlicher Erkenntnis, die zur wahren Liebe führt.
Liebe allein entschleiert alle Geheimnisse Gottes,
erlöst jedes Geschöpf und führt es heim in die Liebe.

Wie dieses Buch entstand

Mein Vater, Franz Wenzel, lernte Erhard Bäzner nach einem seiner Vorträge, 1919 in Gablonz, auf eine ungewöhnliche Weise kennen. Er trat zu meinem Vater, den er zum ersten Mal sah, reichte ihm die Hand und sagte: *„Wollen wir nicht du zueinander sagen? Wir kennen uns schon so lange!"* So begann eine Freundschaft, die ein Leben lang ungetrübt anhielt.

Erhard Bäzner, der seit seiner Kindheit hellsehend war, und Franz Wenzel, ein begabter Maler, ergänzten sich auf wunderbare Weise. Mein Vater stellte sein Können ganz in den Dienst des Freundes und blieb selbst bescheiden im Hintergrund. Er ließ seine Umgebung in dem Glauben, daß er lediglich die Angaben Erhard Bäzners in Form und Farbe übersetzte. Erst nach seinem Tod fanden sich im Nachlaß Aufzeichnungen darüber, daß er selbst gelegentlich Schauungen hatte. Mit neunzehn Jahren sah er beide Weltkriege voraus und wußte, welche Auswirkungen sie auf sein Leben haben würden. Auch die schreckliche Bombennacht in Dresden, am 13.2.1945, hatte er vorausgesehen; deshalb konnte er während des furchtbaren Geschehens ruhig und gefaßt bleiben, denn er fühlte sich durch sein Vorauswissen der Ereignisse vollkommen geborgen.

Schon bald illustrierte mein Vater Erhard Bäzners Bücher *"Naturgeister"* und *"Wo sind die Toten? Sehen wir sie wieder?"*, die 1927 erstmals erschienen. Die beiden Freunde planten ein Buch über Auren und Gedankenformen, zu dem mein Vater die Bilder malen sollte. Erhard Bäzner beschrieb ihm in vielen Gesprächen seine Schauungen. Während des Erzählens formten sich vor den Augen des Künstlers Bilder, die beim Malen durch Intuition zu einer realen Wiedergabe geistiger Wahrheiten wurden, was Erhard Bäzner überprüfte und bestätigte. Erhard Bäzner sagte über ihn: *„Er ist ein wunderbares Werkzeug für mich, man braucht ihn nur anzurühren, schon sprudelt es aus ihm heraus, wie aus einer Quelle."* Gelegentlich sah mein Vater auch selbst die farbige Strahlung einer Aura, seltener die darin befindlichen Figuren.

Für mich war Erhard Bäzner in meiner Jugend ein geliebter väterlicher Freund. Besonders gefiel es mir, daß meine sonst besucherfeindlichen Katzen sich still unter seinen Stuhl setzten und dort blieben, bis er wieder aufstand. Sie spürten die wunderbar harmonische Ausstrahlung und fühlten sich in seiner Nähe wohl.

Nach Erhard Bäzners Tod, der für meinen Vater sehr schmerzlich war, denn er verlor eine geliebte Bruderseele, arbeitete er weiter an der gemeinsamen Aufgabe. In dieser Zeit entstanden besonders schöne Werke, wie zum Beispiel die Rabenmutter (Bild 38) und der alte Seher (Bild 23). Die Auren der Blumen und Bäume waren seine letzten Arbeiten.

Im Dezember 1973 wurde mein Vater heimgerufen in die geistige Welt, deren Glanz und Schönheit er so oft mit Pinsel und Farbe geschildert hatte.

Die Bildbeschreibungen dieses Buches stammen von meiner Freundin Iduna Burghardt und mir. Wir arbeiteten — uns auf Notizen meines Vaters stützend — in ähnlicher Weise zusammen wie er und Erhard Bäzner. Dabei fühlten wir uns nur als Werkzeuge in der Hand eines Höheren, der uns leitete, den Sinn der Bilder zu entschleiern und damit zu einer Hilfe für geistig suchende Menschen werden zu lassen.

Dieses Werk zeigt freilich nur einen winzigen Bruchteil der Wunder Gottes und der Entwicklungsmöglichkeiten Seiner Geschöpfe. Auf seinem Wissen aufbauend, mag es kommenden Generationen vergönnt sein, neue Wunder zu enthüllen. Dieses Buch soll Denkanstöße geben und den Menschen helfen, den für sie richtigen Weg der Erkenntnis zu finden, der ins Licht und in die Liebe Gottes führt.

Mein besonderer Dank gilt meiner Freundin Iduna, die mir ihre Fähigkeiten selbstlos zur Verfügung stellte, und ihrem Mann Rolf, der unsere Arbeit unterstützte. Danken möchte ich aber auch all den Lichthelfern, die uns beim Erkennen der Wahrheit und dem Entschleiern der Aura zur Seite gestanden haben. Möge ihr segensreiches Wirken eine leuchtende Spur hinterlassen!

Gisela Weigl

Einleitung

Seit Urzeiten gab es Menschen, die den Schleier des Scheins zu durchdringen vermochten und das wahre Sein erkannten. Die Seher, welche die Natur im übersinnlichen Licht erschauten, nahmen außer dem äußeren Raum mit seinen Dingen noch einen inneren Raum wahr, eine Welt von sich durchdringenden höheren Dimensionen enthüllte sich ihrem Blick. Sie sahen die Schwingungen des aurischen Lichtes in ihren verschiedenen Abstufungen. Bis in den Urgrund der Natur, der höchsten dem Menschen wahrnehmbaren Ebene, drang ihr schauendes Auge.

Tief ergriffen war Jakob Böhme, als er das erstemal die Natur im übersinnlichen Licht erblickte, denn jeder Grashalm, jeder Baum, jeder Berg und jedes Lebewesen strahlt sein inneres Licht aus und schwingt und klingt in völliger Harmonie und Schönheit. In der erhabenen Stille tiefer Ergriffenheit empfindet der Seher im Vergänglichen das Ewige. Zeit wird ihm zur Ewigkeit, und Worte können den Sang der Harmonie nicht beschreiben.

Seher gab es zwar seit frühesten Zeiten, doch nicht alle standen auf der gleichen geistigen Stufe. Was im Abendland als "Hellsehen" bezeichnet wird, meint meist nur ein Astralsehen und kein die wahren geistigen Zusammenhänge durchleuchtendes Schauen in lichten Welten. So spannt sich ein weiter Bogen von den Wahrnehmungen im Astrallicht bis zu den erhabenen Schauungen in tiefster innerer Sammlung, in den formlosen Welten aus Licht und Klang, den Reichen ewigen Friedens und unzerstörbarer Harmonie.

Manche Seher (innen) besitzen ihre Gabe von Kindheit an, so z.B. Hildegard von Bingen, und auch Erhard Bäzner kann zu ihnen gezählt werden. Bei anderen wurde die Gabe erst in späteren Jahren erweckt, Emanuel Swedenborg oder der Eismeerfischer Johannsen wären als bekannte Beispiele zu nennen. Auch durch geistige Übungen kann die Fähigkeit des Schauens erlangt werden; doch alle Übungen, gleich welcher Art, bergen Gefahren und setzen einen ver-

antwortungsvollen und wissenden Lehrer voraus, der den rechten geistigen Weg zu weisen vermag. (1)
Von den Wissenden, den Eingeweihten, wurde über das Licht der Aura geschwiegen, weil es als zu heilig betrachtet wurde. Ganz allgemein ist es in früheren Jahrhunderten angedeutet worden. Im Altertum wurden die Schwingungen der Genien und Engel als beflügelt versinnbildlicht. Auch die Aureolen bei Christus und Buddha sind bildlich dargestellt worden, ebenso die Heiligenscheine bei heiligen Menschen, als Ausdruck der inneren strahlenden Reinheit. Auf einigen wenigen alten Bildern sieht man Christus in der "Mandorla", einem regenbogenfarbigen eiförmigen Gebilde, das seine ganze Gestalt umgibt.

Dies alles waren jedoch mehr symbolische Darstellungen und nicht der Ausdruck für ein allgemeines, für alle Lebewesen geltendes Strahlungsgesetz im ganzen Kosmos. Gewisse Wahrheiten, geistige Gesetze der Natur, geben einen tiefen, unmittelbaren Einblick in das Wirken kosmischen Geschehens, bergen aber für Menschen, welche die seelische Reife noch nicht erreicht haben, Gefahren in sich. Durch die fortschreitende wissenschaftliche Forschung ist es jedoch notwendig geworden, höhere geistige Gesetze darzulegen, um den Unglauben einzudämmen und den Aberglauben überwinden zu helfen.
Die aurische Ausstrahlung ist das alles verbindende Licht und das Bewußtsein aller Geschöpfe und Dinge. Ihnen allen liegt eine göttliche Ur-Idee zugrunde, ein lebendiger Funke Gottes.
Alle Kräfte leiht Gott den Geschöpfen — Er aber bleibt unveränderlich der da ist, der da war und der immer sein wird. Wer dies erkennt durch sein fühlendes Herz und durch sein denkendes Bewußtsein, der empfindet den unmittelbaren Hauch der Gottheit um sich und in sich.
Jedes Lebewesen ist von einem aurischen Licht-Ei umgeben, durchdrungen

(1) „*Wenn du einen Schritt vorwärts zu machen versuchst in der Erkenntnis geheimer Wahrheiten, so mache zugleich drei vorwärts in der Vervollkommnung deines Charakters zum Guten.*" (Rudolf Steiner, "Wie erlangt man Erkenntnisse höherer Welten", Dornach 1978 / 5)

und über dieses mit allem Seienden schwingend verbunden. Das aurische Licht umhüllt alle Sterne und Welten, jedes Gestein und Tier, jede Pflanze und jeden Menschen. Es umfängt auch alle nicht-materiellen Wesen, seien es Engel oder Dämonen.
Es ist der Geist, der nach dem inneren Urbild die lebendige, beseelte Form gestaltet, wandlungsfähig macht und mit Bewußtsein begabt. Die Lichtenergie der Materie ist nur vergängliches Kleid. Die Natur ist nicht allein das, was mit den Sinnen, die der Geist gebildet hat, erkennbar ist. Sie wird umfangen von der unsichtbaren, ewigen Natur. Ohne das Wissen um diese ist wahre Erkenntnis nicht möglich. Die ganze Natur geht aus dem sich selbst leuchtenden Licht des Logos hervor, durchdringt und umhüllt alles mit dem aurischen Licht und kehrt in ihn zurück.
Dieser gesetzmäßige Rhythmus wird symbolisiert in einer Farben- und Klangsprache. Wer diese himmlische Sprache der heiligen Symbole versteht, kann in der Natur des Lebens lesen, soweit sein Bewußtsein reicht. Wer sie geistig-intuitiv erfaßt, dem erschließen sich die Lebenszusammenhänge des Menschen und des Kosmos.

Sehr wichtig zum Verständnis der Aura sind die Zusammenhänge der Prinzipien des Weltalls mit den Prinzipien und Aspekten der Menschennatur, sowie mit den Ebenen des Bewußtseins und den Sphären und Wesen der inneren Welt.
Der Logos wird "das große Opfer" genannt. Aus Seinem ewigen Wort und Licht wird alles gebildet und offenbart, wie es in Johannes 1, 1-5, geschrieben steht.
Die "jungfräuliche Mutter" — die innere Natur — schafft geistig vorbildend der Gottheit lebendiges Kleid, die äußere Natur, das Sich-immer-Wandelnde, durch die sich das Innere bewußt wird. Das Licht des Logos bildet die verschiedenen Bewußtseinsebenen und Sphären. Es ist das goldene Licht-Ei des Kosmos, Hiranyagarbha, mit den sieben universalen Kräften.
Nur in tiefster Ehrfurcht können wir uns dem zuwenden, das wir — obwohl es

eigentlich erhaben ist über jeden Begriff — mit dem Wort "Gottheit" bezeichnen. Aus ihr geht alles hervor, lebt in ihr und geht wieder in sie ein.
Die Weisen sagen über die Prinzipien des Weltalls:

1 Der ewige Raum (Svayambhuva)
2 Der ewige Weltgeist (Narayana), der Geist Gottes, der — wie die Bibel sagt — "über den Wassern schwebte", über dem unsichtbaren Licht (Akasha) mit den in sich ruhenden Ideen (Logoi).
3 Die kosmische Vorstellung (Maya), Illusion, als Hervorbringerin aller Dinge, die im Logos als Ideen lebendig sind.
4 Der kosmische Wille, welcher in jeder Periode der Offenbarung (Manvantara) das formenbildende Element ist mit Hilfe von Fohat, jener feinsten elektrisch-magnetischen Kraft.
5 Licht-Äther (Akasha), geistige Essenz, das unsichtbare Licht, die Seele des Lichtes des Logos.
6 Die Weltseele (Purusha), die alles im All beseelt und belebt.
7 Die sichtbare Natur, organisierte Materie, Lichtenergie, das lebendige Universum als die Welt der Erfahrungen. Sie erscheint wie ein Hindernis und dient doch der Sammlung der Kräfte. Die sichtbare Natur ist das Kleid oder der Tempel Gottes.

Die Ebenen des Bewußtseins und die Sphären und Wesen der inneren Welt sind in wunderbarer Weise geordnet und durchdrungen vom Höchsten. Sie ordnen sich nach der Höhe der Schwingungen. Die niederen können die höheren nicht durchdringen. Sie sind gebunden, die höheren sind frei. So können sich höhere Wesen frei durch alle Sphären bewegen, die niedriger sind als ihre eigenen.
Die Bibel sagt darüber: *„In meines Vaters Hause sind viele Wohnungen"* (Johannes 14,2), und *„... ein Gott und Vater unser aller, der da ist über euch allen, und durch euch alle und in euch allen."*

Die sieben Regionen (Lokas):

1 Atman — reiner Geist — die Ebene des Logos, formlose Lichtwelt der Harmonie, Schönheit, Wahrheit und Liebe, die Gotteswelt mit dem Zentrum der Sonne der Weisheit. Sie ist der Aufenthalt der höchsten (x) Intelligenzen, Erzengel, Elohim, Arupa-Devas (xx), Dhyan-Chohans.

2 Buddhi — geistige Welt — die geistige Ebene der Liebe und Erkenntnis mit den Genien, Vollendeten und Menschheitslehrern, Rupa-Devas (xxx) und Engeln, welche in himmlischen Leibern erscheinen.

3 Manas — Ideenwelt — die Kausal-Ebene, Welt der Ursachen und Ideen, Devachan, die Himmelswelt der Devas und die Gefilde der Seligen, der Tugend und Genialität.

4 Kama-Manas — Gedankenwelt — die Mental-Ebene, Welt der Gedanken und Vorstellungen, untere Himmelswelt, höchste Fülle der Formen, Tor zum Devachan.

5 Kama — Wunschwelt — die Astral-Ebene, die Welt des Wunschwollens, der Begierden und Leidenschaften, mit dem Sommerland der erfüllten Wünsche und dem Fegefeuer der Läuterung bis zur Unterwelt der 'Hölle'. Dies alles sind Übergangssphären für die Seelen Verstorbener. Auf der Astral-Ebene haben alle Formen ihr Vorbild, auch Landschaften und andere lebendige Formen. Ebenfalls zur Astral-Welt gehört die Zwischensphäre, das Reich der Schatten und Gespenster (Larven, Überbleibsel verstorbener Menschen), sowie Menschenseelen in ihrem Leidenschaftskörper (Astralleib). Von hier kommen die Natur- oder Elementargeister, die Gnomen, Nixen, Sylphen, Sturmgeister und Feuergeister (Salamander). Auf dieser Ebene halten sich auch Dämonen mit menschlichen Leibern und Elementale der Begierden auf, welche halb tierische, halb menschliche Formen haben. Ebenso befinden sich dort teuflische Geschöpfe — Men-

(x) aus menschlicher Sicht (Anm. d. Hrsg.)

(xx) arupa (sanskr.) = formlos

(xxx) rupa (sanskr.) = formhaft

schen, die sich der schwarzen Magie ergeben haben — höllische Menschen, die hier in ihrem Element sind, in Wahn und Haß, in Dunkelheit und Nichterkenntnis. Sie sind noch nicht restlos von ihrem Gewissen getrennt und können noch aufsteigen, denn diejenigen, die ganz ohne Gewissen und ohne Verbindung mit dem Guten sind, sammeln sich an einem anderen Ort und gehen einen anderen Weg. Die Lehre von der ewigen Verdammnis trifft nicht zu. Selbst von der schwarzen Magie kann ein Mensch wieder frei werden, wenn auch durch viele Leiden.

6 Prana — die Äther-Welt — zur irdischen Ebene gehörend, mit dem Wachbewußtsein und dem Lebensgefühl.

7 Die physische Welt — der Lebenskampf, alles erscheint in Gegensätzen und ist dennoch einheitlich.

Die Prinzipien und Aspekte der Menschennatur:

1 Atman — Geist — der göttliche Funke, der Geist Gottes im Menschen, die aurische Lichthülle, das eine Leben, das die monadische Dreiheit durchdringt mit dem aurischen Licht, der ersten kosmischen Differenzierung.

2 Buddhi — geistiger Leib — der "Engel im Menschen", die Seligkeitshülle der Auferstehung, ein Strahl der geistigen universalen Seele.

3 Buddhi-Manas — Ursachenkörper — der Kausal-Körper mit dem höheren Ego, schöpferisches Denken, Vernunft, kosmische Intelligenz.
Diese drei Aspekte bilden eine Einheit — die himmlische oder Geist-Seele, den unsterblichen Menschen.

4 Kama-Manas — das persönliche Ich mit dem Mental-Körper, mit Begehren verbundenes Denken, Verstand.

5 Kama — die Triebnatur mit dem Astral-Körper und seinen Begierden.

6 Prana — odische Nervenkraft, Lebenskraft mit dem Äther-Körper, dem Vorbild des irdischen Leibes.

7 Irdischer Leib — Körperkraft, kristallisierte Lichtenergie.

Die vergängliche Menschennatur wird aus Mental-, Astral-, Äther- und physischem Körper gebildet. Der Mentalkörper hat dabei die Aufgabe zu übernehmen, den vergänglichen Teil des Menschen mit seinen unvergänglichen Aspekten zu verbinden. (2)
Der Kranz der menschlichen Tugenden, der sich durch die Erfahrungen entfaltet, ist vielfältig, wie es die menschlichen Charaktere sein können. Leidenschaften gehören gewiß auch zum Charakter. Sie haben jedoch ihren Sitz in der Triebnatur, im Astralkörper (Kama), wie die Gedanken im Mentalkörper (Kama-Manas), die ursächlichen Ideen aber im Kausalkörper (Buddhi-Manas). Alle Kräfte wirken in wunderbarer Weise zusammen. Das Ich-Gefühl ist ein Reflex des wahren Seins, des wirklichen Selbstes (Atman), das ein All-Bewußtsein ist.
Der Kausalkörper gleicht den anderen Hüllen und ist eine Licht-Hülle von weißem Farbklang wie bei einem Kind. Er zeigt die Arten der Tugenden in ganz zarten Farbtönen und ist das formgebende Prinzip bei allen Geschöpfen. Die Kräfte der geistigen Seele sind gestaltloser Art, unwandelbar und ewig, während alles Gestaltete dem Wandel unterworfen ist.
So wie man die geistige Seele als den Engel im Menschen, den Genius bezeichnen kann, so ist die kausale Natur das denkend mitfühlende Gemüt des Menschen. Alle Ideale und Ideen sind hier verankert und finden ihren Ausdruck in Farbklängen von Indigo-blau über andere Blautöne bis hin zu schimmernden Opalfarben. Sie stehen im Zusammenhang mit dem Denken in Sinnbildern und Symbolen (Archetypen), der kosmischen Urtiefe, aus der sie gebildet sind.
Es folgt die Ebene des Denkens, das Meer der Gedanken, mit dem Mentalkörper (Kama-Manas). Sein Farbklang ist Gelb in vielen Abtönungen, bis hin zum Grün, mit zahlreichen vielgestalteten Gedankenformen schnell schwingender Art. Sie sind Spiegelungen, Vorstellungen und Imaginationen.
Der Mentalkörper ist bei vielen Menschen gut ausgebildet und stark ausgeprägt

(2) Vgl. zur Struktur der menschlichen Körper: Charles W. Leadbeater, Das höhere Selbst, Forstinning 1982

bei den sogenannten Intellektuellen. Er zeigt sich jedoch, wenn auch schwach, schon bei Tieren, besonders bei höher entwickelten Arten. Die Gedankenebene steht meist in Zusammenhang mit der Wunschnatur.

Der Eigenwille, die Wunschnatur, mit dem Astralkörper (Wunschleib,Kama) hat den stärksten Zusammenhang mit dem Irdischen und ist die Widerspiegelung der Kräfte der Natur in der Aura.

Die vorherrschenden Farbklänge sind grün und rot, aber auch braun, grau und alle anderen Farbtöne sind vorhanden. Der Astralkörper wird auch Traumkörper genannt. Er ist der "Doppelgänger", in dem sich der Mensch im Traum, sowie im Tod, an andere Orte bewegt. Manche Menschen können bewußt in ihrem Astralkörper wandern, bei somnambul Veranlagten geschieht es unbewußt. Der Astralkörper ist dem Ätherkörper sehr ähnlich, aber feinstofflicher als dieser.

Die astrale Aura spiegelt die tierischen Triebkräfte der Wunschnatur wider. Sie gehören zum physischen Körper, der ohne sie nicht bestehen könnte, stehen aber auch mit der Wunschnatur im Zusammenhang. An sich ist die Wunschkraft als Wunschwille eine edle Kraft, wie z.B. das Denken. Eine Entfaltung des Weltalls und des Menschen wäre ohne sie nicht möglich. Lust und Begierde dagegen sind die bannenden Kräfte, welche die Seele verunreinigen. Der Astralkörper mit ätherischem und physischem Leib ist mit der Leber verankert und tritt im Traum und im Sterben als Lichtspirale aus der linken Seite des Körpers aus. Der Astralkörper kann sich sehr weit vom irdischen Leib entfernen. Die symbolhaften tierischen Gestalten in der astralen Aura spiegeln Begierden und Leidenschaften wider. Kräfte und Veranlagungen des Charakters zeigen sich als Pflanzen und Gesteine. Urwüchsige Naturen haben viele edle Pflanzen in der Aura und alles ist rhythmisch geordnet, voller Schönheit. Schwache, leidenschaftliche, zornige, gemeine Menschen haben Auren, die alle unschön und mißtönend, aber sehr verschieden voneinander sind. Die Auren von edlen und beherrschten Menschen sind schön, harmonisch und klangvoll tönend. Jeder Mensch empfindet diese Unterschiede unbewußt, der Sensitive fühlt sie, der weise Seher aber nimmt sie direkt wahr.

Der Ätherkörper (Prana) ist das Vorbild des irdischen Leibes, der sich nach ihm

kristallisiert, und gehört mit der odischen Nervenkraft, der odischen Ausstrahlung und der odischen Aura zum physischen Körper. Wenn der Mensch erkrankt, ist die Strahlkraft an den kranken Stellen gestört oder die Strahlung ist schwach. Dies ist auch der Fall im Alter, wo die Energiespannung nicht mehr so groß ist wie in der Jugend.
Der physische Leib ist kristallisierte Lichtenergie, das wunderbare Werkzeug der geistigen Seele, des inneren Menschen. Er ist ein Wunderwerk, das in gesundem Zustand bei allen, auch heftigen Bewegungen — besser freilich in Ruhe — ein durch die Organe ungestörtes Bewußtsein zuläßt.

Durch die siebenfache Konstitution des Weltalls, des Menschen und der inneren Welt wird das Gesetz der Entsprechungen deutlich. Es bildet die Grundlage aller Religionen und der ihnen zugrundeliegenden Weisheitsreligion mit ihrer Herzens- oder Geheimlehre. Die Seher und Weisen erkennen den Lauf der Dinge und des Lebens, weil sie unmittelbar das Wesen von allem zu schauen vermögen. Es ist alles in so wunderbarer Feinheit geordnet, daß es nur in der Stille des in den inneren Frieden eingekehrten Geistes erlebt werden kann.

Franz Wenzel

Die Farbtafeln

*) Die Zahlen verweisen auf die Texterklärung der jeweiligen Farbtafel

Farbtafel 1
Die Bedeutung der Farben

In der Aura gibt es Lichtstrahlungen und Klänge verschiedener Art. Schwarz, braun, grau, rot und grün in ihren Mischungen stehen für Eigenschaften wie Zorn, Eifersucht, Haß und Lüge.
Orange-Grün schillernde Farben bedeuten Eitelkeit und Gefallsucht. Herrlich leuchtende Farben sind verbunden mit sphärischen Klängen; bei Haß, Lüge und Wut dagegen sind die Töne aufreizend wie bei schlechter Musik, mit tiefem Grollen heranrollend.
Temperamentvoll-sprühende Gedanken erzeugen hohe Töne mit melodischem Klang.
Trägheit und geistige Stumpfheit rufen dumpfe Töne hervor.
Tiefe religiöse Hingabe erklingt wunderbar harmonisch, manchmal ernst und getragen, dann wieder heiter und erhebend.

Erklärung der Farben in der Aura

a 1 Göttlicher Funke, göttliche Weisheit, Atman
a 2 Göttliche Eingebung, Intuition
a 3 Geistige Erkenntnis durch klares, auf Gott gerichtetes Denken
a 4 Geistige Erkenntnis durch Hingabe
a 5 Freudigkeit aus geistiger Erkenntnis
a 6 Eitelkeit
a 7 Stolz, Hochmut

b 1 Höchste geistige Liebe, All-Liebe, Agape
b 2 Hohe geistige Liebe aus Erkenntnis
b 3 Aus dem Glauben erwachsende, hingebungsvolle Liebe
b 4 Starke Liebe zu allen Geschöpfen
b 5 Brüderlich-schwesterliche Liebe, Freundschaft

b 6 Reine irdische Liebe zwischen Mann und Frau, Eros
b 7 Leidenschaftlich-sinnliche Liebe

c 1 Höchste Gläubigkeit, ganz in Gott ruhend
c 2 Tiefer Glaube, volles Vertrauen in Gott
c 3 Verstandesmäßiger, nicht gefühlsbedingter Glaube
c 4 Entsagung aus Liebe und höherer Erkenntnis
c 5 Religiöse Leidenschaft, religiöse Ideen
c 6 Religiös-dogmatischer Glaube
c 7 Religiöser Fanatismus

d 1 Inspirierte, vom Göttlichen durchdrungene Intelligenz, Gott und Seinen Geschöpfen dienend
d 2 Hohe Intelligenz durch Erkenntnis
d 3 Überbewertung der Intelligenz
d 4 Wissenschaftliche Erkenntnisse zum Dogma erhebend, Wissenschaftsgläubigkeit
d 5 Klarer Verstand, logisch-wissenschaftliches Denken
d 6 Durch leidenschaftlichen Willen gelenkte Intelligenz
d 7 Schlauheit, Betrug, in den Dienst des Bösen gestellte Intelligenz

e 1 Reine Leidenschaft
e 2 Unreine Leidenschaft
e 3 Egoistisch geprägte Leidenschaft
e 4 Falschheit, Verschlagenheit, Verlogenheit, bewußte Täuschung
e 5 Aufzwingen des eigenen Willens auf einen Fremden, Hypnose, Suggestion
e 6 Auf Macht und Zerstörung gerichtetes Streben
e 7 Stumme Klage, Melancholie, ausweglose Verzweiflung

f 1 Kreatürlich-natürlicher Egoismus
f 2 Geistige Schwerfälligkeit

f 3 Geistige Stumpfheit und Trägheit
f 4 Krasser Egoismus, Habsucht, Geiz
f 5 Gier, Rücksichtslosigkeit
f 6 Haß
f 7 Eifersucht

g 1 Ängstlichkeit
g 2 Angst
g 3 Trauer
g 4 Zorn
g 5 Angestaute, gefährliche Wut
g 6 Verachtung, Bosheit, Gottesferne
g 7 Gottlosigkeit, Nichterkenntnis, Finsternis

Farbtafel 2
Die verschiedenen Entwicklungsstufen des Menschen

0 Das neugeborene Kind
Die Aura des Kindes ist milchig-weiß, klein, rund und einpolig, weil eine Polarisierung vom Geschlecht und vom Denken und Tun noch nicht vorhanden ist. Das Kind hat noch das himmlische Bewußtsein – ohne Ich-Bewußtsein und ohne das Denken, das sich erst allmählich entfaltet und dann die Aura färbt.

1 Der noch unentwickelte Mensch
Das Aura-Ei steht auf der Breitseite und ist noch nicht klar in der Form. Egoismus und geistige Trägheit (Farbe braun) überwiegen; sinnengebundenes Fühlen (rot und etwas grün) ist stark. Aber auch Religiosität (blau), ebenso etwas Erkenntnis (gelb) und Liebe (rosa), sind vorhanden. So zeigt es sich, daß auch der unentwickelte Mensch schon gute Eigenschaften besitzt. Unwissenheit

und Trägheit werden durch Entwicklung von Leidenschaft und Tatendrang überwunden.

2 Der Leidenschaftsmensch

Das Aura-Ei steht noch auf der Breitseite, hat jedoch eine klare Form angenommen und ist ein wenig größer geworden. Die Leidenschaften (verschiedene Rot-Töne) sind vorwiegend. Auch Eitelkeit (dunkelorange) ist vorhanden. Die Verstandeskräfte und die Fähigkeit der Anpassung (verschiedene Grün-Tönungen) haben zugenommen und über den Verstand gewonnene Erkenntnisse (zitronengelb) sind in geringem Maße erkennbar. Auch die Liebesfähigkeit (rosa) ist etwas gewachsen. Die Religiosität (blau) tritt hinter der Leidenschaft und dem praktisch-irdischen Denken zurück. Der Leidenschaftsmensch entfaltet Energie und Tatkraft und entwickelt den Verstand durch leidvolle Erfahrung.

3 Der Verstandesmensch

Das Aura-Ei zeigt die Form einer Ellipse, weil die Kräfte des oberen Teiles stärker entwickelt wurden als die des unteren. Auch eine weitere Vergrößerung ist feststellbar. Die Verstandeskräfte (grün in allen Schattierungen) nehmen den größten Raum ein. Die Erkenntnisse (verschiedene Gelb-Tönungen) haben zugenommen, auch Freudigkeit durch Erkenntnis (gelborange) ist vorhanden. Die Leidenschaften sind zurückgedrängt durch das Vorherrschen des Verstandes, Egoismus (braun) und Eitelkeit (dunkelorange) haben sich nicht vermindert. Alle diese negativen Eigenschaften sind zwar immer noch ausgeprägt, doch ist der Verstandesmensch schon zugänglich für Einsicht und Vernunft.

4 Der Tugendmensch

Das Aura-Ei scheint auf der Spitze zu stehen. Dieser Eindruck entsteht dadurch, daß sich der obere Teil nochmals erweitert hat. Die Aura ist harmonisch, die Farben sind symmetrisch geordnet.(3) Erstmals ist Weiß zu sehen,

(3) Die menschliche Figur ist immer kleiner dargestellt, um den wachsenden Größenunterschied vom irdischen Leib und Aura zu zeigen.

das ja alle Farben unaufgelöst enthält. Dies deutet die Einstrahlung des Göttlichen an. Die Liebeskräfte (rosa in verschiedenen Tönungen) haben die Leidenschaften überwunden. Das Verstandesdenken (grün) ist noch vorhanden, hat aber keine Vormachtstellung mehr, weil die Erkenntniskraft (gelb) gewachsen ist. Die Religiosität (blau) hat stark zugenommen und bildet die Basis der Persönlichkeit. Durch die Harmonisierung und das Empfangen des Göttlichen entsteht der obere Strahlungsbogen. Der Tugendmensch überwindet die Leidenschaften durch Einsicht, Vernunft, Liebe und Tugend.

5 Der geistig erwachte Mensch

Die Form der Aura läßt kaum noch das Ei erkennen, sie nähert sich immer mehr dem Kreis. Der Mensch ist im Symbol des Henkelkreuzes dargestellt. Die göttliche Einstrahlung (weiß) kommt nicht mehr ausschließlich von oben. Die Erkenntniskräfte (alle hellen Gelb-Töne) treten am stärksten hervor. Die Liebe (rosa in hellen Tönungen) hat sich weiter verfeinert. Die Glaubenskraft bildet eine noch breitere Basis. Sie enthält alle Blau-Tönungen bis zum hellsten Blau, das in Weiß (Göttlichkeit) übergeht. Die beim Tugendmenschen angedeutete obere Strahlung hat an Schönheit und Ausdehnung zugenommen. Der geistig erwachte Mensch hat schon spirituelle Einsichten gewonnen. Bereitwillig gehorcht er dem Gewissen und erfüllt die höheren Pflichten.

6 Der erleuchtete Mensch

Die Aura hat die Form eines Kreises. Der Mensch ist im Symbol des Kreuzes dargestellt. Er ist ganz vom Göttlichen (weiß) umgeben. Die Farben sind in konzentrischen Kreisen geordnet. Von der weißen Mitte strahlen die Erkenntniskräfte aus. Sie sind von der Liebe umfangen, und die Kraft des Glaubens umhüllt alles. Erkenntnis, Liebe und Glauben sind vom Göttlichen durchstrahlt. Der Erleuchtete ist ein seelenvoller Mensch geworden — von keinem Zweifel mehr gequält und stets hilfsbereit gegen alle Geschöpfe.

7 Der Meister des Lebens

Die ins Riesenhafte gewachsene Aura mit ihrer herrlichen Strahlung gleicht einer Sonne. Sie ist rund wie die des neugeborenen Kindes. Während aber dort noch keine Farben vorhanden sind, ist das Weiß der Aura des Meisters von den wundervollsten hellen Farben durchstrahlt. Er ist vollständig eingehüllt und durchdrungen vom Göttlichen, das ihn von allen Seiten umgibt. Die Kräfte der Erkenntnis, die vom weißen Mittelpunkt ausgehen, durchlichten die ganze Aura. Die Kraft der Liebe in ihrer höchsten Form steht dem Meister voll zu Gebote. In dem hellen Blau und Weiß zeigen sich Sterne — der Glaube hat Vollkommenheit erreicht. Die Kraft der Entsagung aus Liebe und höherer Erkenntnis (hell fliederfarben), die sich beim geistig Erwachten zu zeigen beginnt, bildet bei der Aura des Meisters den strahlenden Abschluß. Er hat kosmische Aufgaben zu erfüllen, denn er ist ein Meister des Lebens, der Liebe und der Weisheit geworden, ein Hüter der Menschheit und ihrer Kulturen und Religionen.

Farbtafel 3

Aufgegliederte Aura

1 Ganze Aura mit physischem Körper

Das Bild zeigt die Aura eines Mannes, der sich der Entwicklungsstufe eines Tugendmenschen nähert. Die Aura ist nicht mehr eiförmig, sondern elliptisch, hat helle, vorwiegend klare Farben und am oberen Teil eine Strahlung. Der Mann im Pilgerkleid schreitet auf ein treppenähnliches Gebilde zu, das Symbol des Aufsteigens, der guten Entwicklung.
Auf den Zeichnungen 2 — 5 wurde versucht, die ganze Aura in die einzelnen Hüllen aufzugliedern. Es ist jedoch nur theoretisch möglich, die Körper und Kräfte getrennt darzustellen, da sie ineinander schwingen.

2 Astralhülle

In der astralen Aura dieses Mannes sieht man nur noch wenige Tiere. Der Löwe, ein Herrschaftssymbol, bedeutet in diesem Fall Herzensmut und Herzenskühnheit; die negative Bedeutung wäre Tollkühnheit und Übermut. Der Fuchs symbolisiert List und Schlauheit und bedarf der Zähmung, damit diese Eigenschaften nicht zum eigenen Vorteil eingesetzt, sondern in Weisheit umgewandelt werden. Da die beiden Tiere auf die Treppe zulaufen, bedeutet dies, daß die Kräfte, die sie versinnbildlichen, schon weitgehend beherrscht werden. Der Stierkopf zeigt hier gezügelte männliche Kraft. Der beinahe weiße Falke ist, da er von oben kommt, das Sinnbild einströmender göttlicher Gedanken. Der "Baum der Erkenntnis" trägt goldene Früchte. Es sind viele Erkenntnisse gereift am Lebensbaum, die nur gepflückt zu werden brauchen. Die Palme ist das Symbol der aufstrebenden Seele.

3 Mentalhülle

Die mentale Aura ist in den Farben noch zarter als die astrale. Sie enthält nur wenige konkrete und abstrakte Formen. Die Stufen zeigen den geistigen Aufstieg des Menschen an; dieser bewirkt die Lichtstrahlung um sein Haupt. Die Engelsköpfchen bedeuten Hilfe von höheren Wesen. Der schöne Kopf im oberen Teil der Aura ist der "Engel im Menschen", sein Genius.

4 Kausalhülle

Sie schimmert in ganz zarten opalisierenden Farben, welche die Tugenden dieses Menschen anzeigen.

5 Geist-Seele

Sie ist der Funke Gottes im Menschen; der Kreis ist das Symbol des Göttlichen.

In den verschiedenen Ebenen hat die geistige Seele den entsprechenden feinstofflichen Körper, der dem physischen Menschen in den Grundzügen ähnelt. Die Körper sind ineinander geordnet, aber durchaus nicht immer gleichmäßig entwickelt. So strahlt der Ätherkörper bei Gesunden sehr stark, und sie besitzen

ein gehobenes Lebensgefühl durch die Reserven an Lebenskraft.
Bei vielen Menschen überwiegt die Wunschnatur mit den starken Spannungen der Leidenschaften. Ihr Astralkörper und ihre Ich-Natur sind stark entwickelt, und die Aura ist mit vielen Tiergestalten erfüllt, die bestimmte Eigenschaften darstellen.
Bei anderen überwiegt das Denken, und manche von ihnen bilden sich auf ihr Wissen viel ein. Die Aura enthält vielerlei konkrete und abstrakte Formen des Gebietes, das dieser Mensch durchdenkt; die vorherrschenden Farben sind Grün und Gelb. Sie ist mehr oval als eiförmig, je nach Intelligenz mehr oder weniger leuchtend und enthält Pflanzen und Tiere. Der Mentalkörper ist gut entwickelt.
Die Aura eines Menschen, der die Kräfte der Tugend entfaltet hat, ist leuchtend, das Aura-Ei steht auf der Spitze. Die geistigen Spannungen sind stärker als beim weniger entwickelten Menschen. Der Kausalkörper ist gut ausgebildet. Die vorherrschenden Farbtönungen sind hellgelb, blau und rosa. Es zeigen sich zarte Pflanzengebilde, Engelsköpfchen, schöne abstrakte Blüten und symbolische Formen, an Tieren höchstens noch Singvögel und Schmetterlinge.
Der geistig Erwachte hat im Zentrum der Aura leuchtendes Weiß. Die Aura wird immer kreisförmiger, je selbstbeherrschter ein Mensch wird und je mehr er vom Göttlichen durchdrungen ist. Die Farbtöne der Eigenschaften vermischen sich nicht mehr sondern ordnen sich. Die Formen in der Aura sind edel, vielfach abstrakt und symbolisch. In der Meditation lösen sich die Formen auf, und die Aura weitet sich. Geniale Menschen haben eine stärkere Verbindung zu Devas als andere, denn sie arbeiten mit ihnen zusammen.

Farbtafel 4
Aura eines wachträumenden Kindes

Die Aura eines neugeborenen Kindes ist milchig-weiß, zarte Farbklänge der Gefühle treten nach und nach auf, jedoch zuerst noch keine Gedanken, denn

denken kann ein so kleines Kind noch nicht. Dennoch hat es ein klares Bewußtsein, wenn auch ein selig-traumhaftes. Es kann die Mutter schon bald anstrahlen, und es kann lächeln, ehe es das Denken erlernt. Ob Mädchen oder Junge — es ist noch hermaphroditisch in seiner Natur, weshalb die Aura kreisförmig ist, wie bei einem Adepten, nur sehr viel kleiner. Bewußtsein gibt es also in ganz natürlicher Art, schon ehe das Denken möglich ist.
Im zum Leben in der irdischen Welt erwachenden Kind ist die Glückseligkeit der himmlischen Welt, aus der die geistige Seele eintritt, noch ganz vorhanden.
Wenn das Kind älter wird, zeigen sich lichte Farben, schöne Pflanzenformen und Sternchen in der Aura. Dem Frühling des Lebens entsprechen die Frühlingsblumen. Welche Arten zu sehen sind, ist jedoch individuell verschieden. Die weiße Lilie — das Symbol der Reinheit — bedeutet, daß das Kind in dieser neuen Verkörperung noch schuldlos ist.
Die zartfarbige Strahlung um Kopf und Hände gehört zur odischen Aura und zeigt die Gesundheit des Kindes an. Durch die Kirlian-Photographie kann diese Strahlung sichtbar gemacht werden.

Farbtafel 5
Aura eines unentwickelten Menschen

Die Aura hat noch keine klare Ei-Form sondern wolkige Konturen. Die vorherrschende Farbtönung ist das Rot der Leidenschaften, das sich nur an wenigen Stellen zum Rosa der reinen Liebe aufhellt. Das Grün ist trüb, die Verstandeskräfte sind kaum entwickelt. Egoismus, geistige Stumpfheit und Angst sind nach der Leidenschaft die stärksten Merkmale dieses Mannes und bilden die Braun- und Grautöne. Religiöses Empfinden ist vorhanden, jedoch zeigt sich nur an wenigen Stellen klares Blau. Alle Farben sind getrübt und unrein, die Tierformen zum größten Teil nicht voll ausgebildet.
Die Fische sind das Symbol der sündelosen (unge-sonderten), unschuldigen

Natur. Im Krokodil, einem Wasser- und Landtier, sind sowohl erdhafte als auch sonnenhafte Kräfte versinnbildlicht. Es fand noch keine Trennung statt, die Gegensätze sind noch vereint. Die Schlange ist in diesem Fall ein Bild der Begierdennatur. Der Wolf, in seinem negativen Aspekt, ist ein Sinnbild der Aggression, der Macht, die inneres Leben in den Materialismus hineinreißt. Es sind nur einige undifferenzierte Pflanzenformen vorhanden - die Kräfte und Veranlagungen des Charakters sind erst schwach ausgebildet. Die Eule, als in der Nacht sehender Vogel, hilft die Dunkelheit des Nichtwissens zu durchdringen. Der Elefant, ein Träger von Kraft, Macht und Weisheit, symbolisiert die positiven Kräfte dieses Menschen.
Rechts oben finden sich konkrete und abstrakte Gedankenformen, die aber noch recht einfach sind. Das Kreuz, als Sinnbild des Scheideweges, zeigt an, daß dieser Mann beginnt, die Kräfte der Unterscheidung zu entwickeln. Es ist eine Vorstufe zum Christus-Kreuz. Die Verbindung zwischen Himmel und Erde — der senkrechte Balken — ist voll vorhanden, der Querbalken jedoch, der die Durchdringung der Materie mit dem Geist bedeutet, ist noch kurz, denn diese muß sich der unentwickelte Mensch noch erarbeiten. Viele Kult-Stäbe alter Völker haben diese oder eine ähnliche Form.
Obwohl die Aura des unentwickelten Menschen in Form und Farbe wenig angenehme Gefühle weckt, ist dieser Mann doch nicht schlecht. Die guten Eigenschaften fehlen nicht, sondern sind latent vorhanden und bedürfen der Entwicklung.

Farbtafel 6
Aura eines wenig entwickelten Menschen

Die Aura dieser Frau hat schon eine klare Ei-Form und vorwiegend schöne zarte Farben. Das Rosa zeigt ihre Liebesfähigkeit an, das Blau ihre Frömmigkeit. Aus religiös-dogmatischem Glauben, der aber auch schon etwas Entsagungsfähigkeit aus Liebe andeutet, entsteht die halbmondähnliche fliederfar-

bene Form um ihren Kopf, die das Weiß der Verbindung zum Göttlichen umschließt. Die Aura enthält das Grün des Verstandes in vielen Tönungen, jedoch kaum in reinen Farben. Es ist vielfach vermischt mit dem Braun des natürlichen Egoismus und der geistigen Schwerfälligkeit.
Die Kuh versinnbildlicht die mütterliche Erdverbundenheit dieser Frau, aber in ihrer Eigenschaft als Seelenführerin auch das stufenweise Fortschreiten zur inneren Erleuchtung. Schaf und Lamm sind durch ihre Einfalt und Duldsamkeit Bilder der Sanftmut, Unschuld und Reinheit. Der helle Hund verkörpert Treue, Güte und Frömmigkeit, ist Beschützer und Seelenführer. Das Pferd ist ein Symbol des instinktiven Verstandes und hier, da es beinahe weiß ist, auch der guten geistigen Kräfte. Es ist der dritte Seelenführer in dieser Aura.
Die Narzisse ist das Sinnbild eines aufrechten, nach Gottes Geboten handelnden Menschen, die Sonnenblume das einer Seele, die ihre Gedanken und Gefühle unablässig auf Gott richtet. Das Veilchen zeigt Bescheidenheit, Tugendhaftigkeit und Demut an. Der Zweig mit den rotgoldenen Birnen ist das Bild strömenden, fließenden Gefühls.
Die Vögel sind Mittler zwischen Himmel und Erde, die Schmetterlinge ein Auferstehungs- und Unsterblichkeitssymbol.
Die Sterne über dem Haupt sind positive Gedankenformen.
Trotz Harmonie und guter Eigenschaften ist diese Frau eine wenig entwickelte Seele. Sie ist wie ein träumendes Kind, selbstgenügsam und brav, unschuldig und gutgläubig. Ein Verführer wird mit ihr leichtes Spiel haben, denn sie hat noch nicht genügend Unterscheidungskraft entwickelt.

Farbtafel 7
Aura eines Leidenschaftsmenschen

Die Aura zeigt Ei-Form und ist größer als beim wenig entwickelten Menschen. Rot dominiert, aber die Grau- und Brauntöne nehmen einen verhältnismäßig großen Raum ein. Leidenschaften, Angst und Egoismus sind vorherrschend.

Die Grüntönungen des Verstandes haben zugenommen. Das Rosa der Liebe über dem Stierkopf ist noch etwas getrübt.
Der Löwe, ein Machtsymbol, zeigt bei diesem Mann Tollkühnheit und Übermut aus Selbstüberschätzung an. Die grüne Schlange der erwachenden Verstandeskräfte kämpft mit der braunen Schlange der erdhaften, beharrenden Kräfte der geistigen Trägheit und des Egoismus. Der Ausdruck des Schlangenkopfes zeigt, daß der Verstand, der unrein ist, weil er von Leidenschaften überlagert wird, hier der Versuchermacht dient. Die kleinen Schlangen und Kerbtiere versinnbildlichen das bedenkenlose Einsetzen böser Kräfte, wenn es die Leidenschaften, die diesen Mann antreiben, erfordern. Das löwenähnliche, dämonische Wesen entstand aus den starken Emotionen, den daraus folgenden negativen Handlungen und dem Machtstreben des Leidenschaftsmenschen. Es steigert diese Eigenschaften und wird zugleich durch sie genährt. Die Erkenntnisfähigkeit wird getrübt und nimmt ab. Dieses Wesen lenkt die Schritte des Mannes — sein rechter Fuß scheint in ihm zu stehen. Der ungeschlachte, heulende, vom Menschen abgewandte Hund ist kein Seelenführer, sondern ein Wegbegleiter, der keine Hilfe bringt. Er zeigt verborgene Angst an, ist weder hell (positiv) noch dunkel (negativ), sondern gefleckt, was zwiespältige Gefühle und Bestrebungen ausdrückt. Der Bär ist ein Symbol des Menschen im allgemeinen, im besonderen des Mannes und Kriegers, aber auch der Schwerfälligkeit und dumpfen Leidenschaften, die hinabziehen und ans Irdische fesseln. Der Stier versinnbildlicht Triebwillen und männliche Zeugungskraft. Da dieser Stier hell ist, zeigt er an, daß der Mann dabei ist, die Beherrschung und positive Anwendung der Triebe zu lernen.
Die kleine Pflanze am linken Rand der Aura symbolisiert die erst im Ansatz vorhandenen Charakterkräfte. Die blauen Flecken daneben zeigen, daß nur sehr wenig Religiosität vorhanden ist, die zudem durch Selbstsucht verhindert wird an eine führende Stelle aufzusteigen.
Die braunen Kreise mit roten Blitzen sind Gedankenformen des Zorns. Die Form aus Rosa-Orange und Weiß versinnbildlicht die aufsteigenden Bestrebungen des Mannes, aber auch ein tropfenweises Einfließen der göttlichen Liebe.

Der Adler, Symbol des Geistes, ergreift den Fisch, die ungesonderte sündelose Natur, um ihn zu verschlingen. Er verdeutlicht, daß sich dieser Leidenschaftsmensch — trotz der vielen negativen Symbole in seiner Aura — in einer aufwärtsführenden Entwicklung befindet.

Farbtafel 8
Aura eines Verstandesmenschen

Die Aura wird in Form einer Ellipse gebildet. Ihre vorherrschende Farbe ist das Grün des Verstandes in seinen verschiedenen Tönungen. Leidenschaft, Egoismus und Angst sind in abgeschwächter Form vorhanden und zeigen sich in gedämpften Rot- Braun- und Grautönen. Die Liebesfähigkeit, das Rosa im oberen Teil der Aura, hat zugenommen. Das Blau der Religiosität ist in klarer, heller Farbe vorhanden, nimmt jedoch nur einen kleinen Raum ein. Das Weiß hinter dem Mann zeigt an, daß der Verstand eine göttliche Kraft ist. Insgesamt sind die Farben vorwiegend hell und schön.
Der weiße Hund, mit wenigen schwarzen Flecken, geleitet diesen Menschen als Seelenführer an den Scheideweg. Das goldene Halsband ist das Sinnbild einer guten Führung. Der Frosch, ein Wasser- und Landtier, symbolisiert die kalte Seite der unpersönlichen Natur, welche durch die gefühlswarme Seele zu guten menschlichen Beziehungen erhoben werden muß. Er hüpft wegweisend vor dem Mann her. Der dritte Helfer ist die ihm zugewandte Eidechse, ein Sinnbild der Seele, die das Licht der Erkenntnis sucht.
Das Kätzchen, ein Bild des Liebestriebes, zeigt das Braun des Egoismus. Der schwarze Kater versinnbildlicht, — wie der Luchskopf —, die dunklen Kräfte, deren sich dieser Mensch trotz seiner Intelligenz bedient. Der Lebensbaum daneben ist verdorrt und abgebrochen. Frühere Lebensgrundlagen und Erkenntnisse haben keine Gültigkeit mehr; es sind aber rechts in der Aura zwei neue Schößlinge gewachsen. Über dem Kopf des Fuchses, der dem Verstandesmenschen ins Ohr flüstert, zeigt sich eine runde grüne Form — List und Schlauheit.

Gepaart mit wachem Verstand, werden sie zum eigenen Vorteil eingesetzt. Die Giraffe, das "große Tier", mit ihrem Kopf hoch oben in der Aura, zeigt Stolz und Hochmut dieses Mannes an, der über alle hinwegblickt, die seiner Ansicht nach weniger wissen als er. Ein Gegengewicht dazu bildet das Murmeltier neben ihm. Es symbolisiert Erdkräfte, die ihm zu Aufmerksamkeit bei wissenschaftlichen Arbeiten und zu raschem Auffassungsvermögen verhelfen. Der Affe, als Sinnbild eines weisen Seelenführers, hat sich auf die Giraffe gesetzt; es gelingt ihm aber noch nicht, sie zu leiten, deshalb schreit er.

Die Gans tritt hier als Botin der geistigen Welt auf, als Vermittlerin zwischen Himmel und Erde. Sie fliegt neben dem Esel, dem Sinnbild der menschlichen Natur, die ein hellsichtiges Urwissen verlor, aber dafür intellektuellen Verstand gewann. Er symbolisiert auch die Kreatur, die gelegentlich mehr vom Willen Gottes verstehen kann als der Mensch.

Die grünen und braunen Zackenlinien bedeuten rasch dahineilende Gedanken mit wechselnden Gefühlen. Das Grün des Verstandes erscheint getrübt, da die Quelle der Erkenntnisse dieses Mannes noch nicht rein ist. Im oberen Teil der Aura sieht man ebenfalls verschiedene Gedankenformen. Das Wissen um die Fähigkeit, sprühende Gedanken auszusenden, ist eine Versuchung, deshalb bildet der rasch fließende Gedankenstrom zu beiden Seiten seines Kopfes an der Stelle, wo er sich um den Hals der Giraffe ringelt, eine Schlangenform, deren Grün mit Orange Eitelkeit anzeigt. Die technischen Formen auf der rechten Seite deuten auf das Gebiet hin, das dieser Mensch bearbeitet. Die Kristalle versinnbildlichen die Vereinigung von Gegensätzen, in diesem Fall des Geistes und der Materie. Der Stern ist ein Symbol des geistigen Lichtes. Die hellgrüne Doppelkrone zeigt die großen Verstandeskräfte dieses Mannes. Seine Erkenntnisse mehren sich, denn die obere Krone hat mehr Zacken als die untere. Das Orange darüber symbolisiert die Freudigkeit an den gewonnenen Einsichten.

Wenn auch dieser Verstandesmensch sich viel einbildet auf sein Wissen und seine Erkenntnisse für eigenen Verdienst hält, so hat er doch schon gute Führungskräfte entwickelt. Der Fortschritt gegenüber einem Leidenschaftsmenschen ist deutlich zu erkennen.

Farbtafel 9

Aura eines geistig tugendhaften Menschen

Die Aura hat sich vergrößert und im oberen Teil geweitet. Sie enthält nur noch zarte, harmonische Farben. Das Bild zeigt nur den inneren Teil, die Ränder sind in den Ecken angedeutet, weil die Gestalt der Frau sonst zu klein würde. Die Blautöne der Religiosität bilden die Basis der inneren und den Rand der äußeren Aura. Das Rosa der Liebe umgibt die innere Aura und erscheint in ihr an beiden Seiten. Das Grün der Verstandeskräfte findet sich nur am unteren Rand der inneren Aura und löst sich nach oben hin in Gelb auf. Den größten Raum nehmen die verschiedenen Gelbtönungen der Erkenntnis ein. Die Gestalt der Frau ist umgeben von göttlichem Licht.

Die Aura enthält keine Tiere mehr. Die weiße Lilie ist das Symbol der Reinheit und der vertrauensvollen Hingabe an Gott. Die vordere Lilie ist verblüht, der Blütenkelch hat sich wieder geschlossen. Das bedeutet, daß dieser Mensch schon in seinem letzten Leben die Tugend der Reinheit erworben hat. In diesem Leben ist sie in der zweiten Lilie aufs Neue erblüht. Die sich öffnende Lotosknospe, mit dem Stern über ihr, versinnbildlicht die Entfaltung der kosmischen Harmonie.

An Gedankenformen zeigen sich Sterne, ein Kristall, die Lebensspirale und ein Herz in der Form eines Lotosblattes. Die Engelsköpfchen symbolisieren die mannigfachen Helferkräfte, die diesem Menschen zur Verfügung stehen.

Der große edle Kopf über der Frau ist ihr Genius, der "Engel im Menschen". Es ist der zweite, der mittlere Teil der aus drei Aspekten gebildeten Geist-Seele, die im allgemeinen nur als formlose Lichthülle sichtbar wird. Beim Tugendmenschen zeigt er sich jedoch in der Aura, weil auf dieser Entwicklungsstufe eine Verbindung der unteren Aspekte mit dem "Engel im Menschen" stattfindet.

Farbtafel 10
Aura eines erleuchteten Menschen

Die Aura hat schon fast die Form des Kreises erreicht. Die Eigenschaften sind ausgewogen, ihre Farben haben sich harmonisch geordnet. Die Strahlung um die Gestalt bildet die Form des Ankh, des ägyptischen Henkelkreuzes, des Symbols für das entwickelte "dritte Auge". In der Aura eines Erleuchteten drücken sich die Eigenschaften nur noch in Strahlungen, nicht mehr in Formen aus.
Der sich entwickelnde Mensch muß die niederen Eigenschaften in vielen Inkarnationen durchleben, um sie überwinden zu können. Der Erleuchtete ist nicht ohne diese Eigenschaften, sondern er trägt sie überwunden — das heißt ins Positive umgewandelt — in sich.
Sparsamkeit, zum Beispiel, und das Sammeln und Anlegen von Vorräten ist an sich natürlich, mit Ich-Sucht verbunden ergibt es Geiz. Fällt die Ich-Sucht weg, so bleibt die Sparsamkeit. Der Fortgeschrittene ist sparsam an sich selbst, gibt aber seinen Besitz für andere mit Freude hin. Die höhere Einsicht hindert ihn daran, an der falschen Stelle zu helfen, wo es mehr schadet als nützt. Er lindert mit seinen Gaben echte Not bei einem Bedürftigen oder schafft mit ihnen eine Freude und Stärkung für einen Freund oder Weggefährten. Ebenso wie mit Sparsamkeit und Geiz verhält es sich mit den positiven und negativen Aspekten aller anderen Eigenschaften.
Die größte nach außen in Erscheinung tretende Tugend eines erleuchteten Menschen ist seine Schlichtheit, Bescheidenheit und Demut. Durch seine selbstlose Liebe und das durch ihn hindurchstrahlende Gotteslicht ist er für alle Wesen, die ihm begegnen, ein gütiger, alles verstehender Freund und Bruder, ein Vermittler zwischen den Reichen des Lichtes und den Mühsalen der Erde.

Farbtafel 11
Aura eines Meisters des Lebens

Die Aura hat die Form des Kreises, des Symboles der Vollkommenheit. Der Meister des Lebens ruht ganz in Gott und ist durchdrungen und umgeben von Seinem Licht. Seine ins Vollkommene gewandelten Eigenschaften ergeben die herrlichen zarten Farbtönungen, die ihn sonnengleich umstrahlen. Diese Farben sind zugleich auch Klangtöne, die ihn in reiner Harmonie umgeben. Seine Aura ist sehr groß und hat eine Ausstrahlung von mehreren tausend Metern. Mit der Aura hat sich auch das Bewußtsein des Meisters geweitet. Das neugeborene Kind, dessen Aura zwar klein und noch ohne Farben, aber rund und einpolig wie die des Meisters ist, hat schon Bewußtsein, bevor es denken kann. Dies richtig zu verstehen ist von großer Bedeutung, weil das Bewußtsein eines erleuchteten Adepten wiederum über dem Denken steht. Wenn auch dem Denken eine wichtige Aufgabe zukommt, so wird es doch bei einem Meister des Lebens in der Erleuchtung noch erhöht. Das traumhaft Unterbewußte wird in diesem Zustand mit dem hellwachen Überbewußten vereint. Die Urbeziehung ist vorhanden, sowohl zu der unsichtbaren Licht-Bewußtseinsseite der Natur, als auch zu der sichtbaren kosmischen Natur mit ihren Kräften. Der Meister des Lebens hat die vollständige Vereinigung mit dem Göttlichen erreicht und ist "den Engeln gleich" geworden. Er ist einer der Großen, der mitwirkt an den Aufgaben zur Vervollkommnung aller Wesen und Welten.

Farbtafel 12
Einheit von Geist, Seele und Körper

Das Bild stellt einen erleuchteten Menschen mit seinen Chakras und ihren Verbindungsbahnen dar. Er ist umgeben von der Kausalhülle. Die rosa Strahlung, die den Körper unmittelbar umschließt, ist das Lebensfluid des Ätherkörpers. Der weiße Innenkreis ist die formlose Lichthülle der Geist-Seele.

Die Einheit von Geist, Seele und Körper ist gegeben, wenn die Chakras alle erweckt und in Tätigkeit sind, sowie Unterbewußtsein, Wachbewußtsein und Überbewußtsein vereinigt zusammenarbeiten. Das Unterbewußtsein verbindet Wachbewußtsein und Überbewußtsein, ihm kommt als Kraft der Mitte eine besondere Bedeutung zu. Ebenso ist es mit der Seele, sie verbindet Leib und Geist.

Das Unterbewußtsein hat seinen Sitz im Astralleib, der zum Körper gehört, obwohl er selbständiger und weniger an den Körper gebunden ist als der Ätherleib. Das Wachbewußtsein hat seinen Sitz im physischen Körper, während das Überbewußtsein im unsterblichen Teil des Menschen beheimatet ist, in der aus den drei obersten Prinzipien Atman, Buddhi und Buddhi-Manas gebildeten Geist-Seele. Der Mentalkörper, Kama-Manas, verbindet die drei unteren mit den drei oberen Prinzipien. Er gehört zum sterblichen Teil des Menschen, hat jedoch im unsterblichen Teil seine Entsprechung im Kausalkörper, Buddhi-Manas. Diese beiden Körper sind wie ein Gegenstand und sein Spiegelbild, wobei Buddhi-Manas der Gegenstand und Kama-Manas das Spiegelbild ist. Die Chakras verbinden die sieben Leiber und stellen so die Einheit her.

In der linken oberen Ecke ist die Lebensspirale dargestellt, in der rechten oberen Ecke die Weltspirale. Das Henkelkreuz, das ägyptische Ankh, versinnbildlicht in seiner stilisierten Menschenform den Erleuchteten. Der Äskulap-Stab steht als Symbol für die Schlangenkraft Kundalini. Die helle und die dunkle Schlange stellen die beiden Kraftströme dar, die links und rechts der Wirbelsäule pulsieren.

Farbtafel 13
Die Chakras

Chakra ist ein Sanskrit-Wort und bedeutet Rad. Die sieben Chakras des Menschen sind wirbelartige Zentren, radähnliche Öffnungen an der Oberfläche des Ätherkörpers, mit dem sie, wie mit dem physischen Körper, durch odischmagnetisch-elektrische Strömungen verbunden sind. Diese Vitalitätsströme gehen vom Haupt aus, drei am Rückenmark entlang. Der eine übermittelt die unterbewußte Lenkung, der andere die bewußte Willenslenkung, der dritte, in der Mitte verlaufende, die geistige Lenkung. Er enthält das Lebensfeuer. Diese drei Lebensströme werden auch Kundalini genannt. Sechs Ströme, in sechs verschiedenen Farben leuchtend, verbinden die Chakras in ihrer Gesamtwirksamkeit. Sie befinden sich auf der Vorderseite des Ätherkörpers.

Das *Wurzelchakra* liegt an der Basis des Rückgrates. Wie ein Rad oder eine Blume schwingt es, kreuzförmig geteilt, in orange-gelber und orange-roter Farbtönung. Es ist das Zentrum des schöpferischen Lebensfeuers, der Kundalini, der Schaffenskraft und Lebensenergie des Menschen, und steht mit den Nebennieren in Verbindung.

Das *Milzchakra* liegt über der Milz und schwingt sechsteilig in Rot, Orange, Gelb, Grün, Blau und Violett. Es ist mit der odischen Gesundheitsaura und dem Ätherkörper verbunden und steht im Zusammenhang mit den Geschlechtsdrüsen.

Das *Nabelchakra* liegt über dem Sonnengeflecht, Plexus solaris, dem Zentrum des instinktiven magnetischen Fühlens, und ist mit diesem verbunden. Es ist zehnteilig und schwingt in Rot und Grün. Bei Gefahren reagiert es reflexartig. Angst und Furcht können zu Störungen führen, die krampfartig zusammenziehend empfunden werden. Es ist auch das Zentrum des psychometrischen Fühlens. Dieses magnetische, körperhafte Fühlen darf nicht mit dem höheren Empfinden des Gemüts verwechselt werden. Das Nabelchakra steht mit dem Astralkörper in Verbindung, der das Wunschwollen beinhaltet und dessen Zentrum die Leber ist. Es kann in der Aura als Wunschkraft maßvoll und rein erscheinen, aber auch von Süchten, Begierden, Lastern umhüllt. Auch die Besessenheit hängt magnetisch mit diesem passiven Zentrum zusammen. Bei reinen Menschen bildet es einen Schutz durch das Vorausfühlen jeder Gefahr, denn es spürt die magnetischen Strömungen anderer Menschen. Das Nabelchakra steht mit der Bauchspeicheldrüse in Zusammenhang.

Das *Herzchakra* schwingt zwölfteilig in einem sonnigen Goldgelb, enthält aber auch etwas Weiß und andere Farben. Es strahlt voll Lebenskraft und ist mit dem Herzen und dem höheren Gemüt verbunden. Das innere Herz — nicht das körperliche — ist der Mittelpunkt der Aura und des Gottesfunkens. Das Mitgefühl und die Tugendkräfte sind im aurischen Licht um den Mittelpunkt gesammelt. Durch diese Wesensmitte wird die Stimme der Stille und des inneren Friedens empfunden, doch wird der innere Friede oft übertönt vom Wünschen und Begehren und von der Unruhe des Herzens. Dies geschieht im ganzen Zusammenhang der Kräfte, das Herzchakra selbst ist nur ein Verbindungszentrum. Die Kräfte strahlen weit über den Körper hinaus, wie es das aurische Licht zeigt. Der Nervenstrom kreist und wirkt positiv und negativ über den Körper hinaus, so wie der Atem die Poren der Haut durchdringt, das Herz den Blutstrom bewegt und gleichzeitig als zentraler Lebensimpuls alles mit Lebenskraft durchströmt. Das Herzchakra steht mit der Thymusdrüse in Verbindung.

Das *Halschakra*, über dem Kehlkopf und der Schilddrüse, schwingt sechzehnteilig in silbrigen, violett-blauen, blauen und grünlichen Farbtönungen. Dieses Chakra steht im Zusammenhang mit der Überleitung von Herz und Kopf und von Fühlen und Denken. So ist es das Verbindungszentrum für die Sprache, die Laute und den Gesang mit den dazugehörigen Organen. Auch hier sehen wir einen wunderbaren Vorgang, wie Nerven, Kräfte und Bewußtsein zusammenwirken. So kann eine menschliche Stimme zu einer hohen geistigen Aussage gelangen. Man empfindet jede Stimme, jeden Klangton, auch das Lachen, als eine beseelte Kraft. Das Lachen kann rein und hell, aber auch von Spott und anderen Eigenschaften bestimmt sein. Dies hängt alles vom Charakter des Menschen ab, der sich in der Aura deutlich widerspiegelt. Das Halschakra steht mit der Schilddrüse in Verbindung.

Das *Stirnchakra* liegt zwischen den Augenbrauen über der Stirnhöhle und schwingt sechsundneunzigteilig, mit Speichen wie bei einem Rad, in rosa, rot,

gelb und indigoblau bis blau-violett. Es ist ein direktes Zentrum des Kopfes, während die fünf anderen mit dem Rückgrat durch Vitalströme verbunden sind. Das Stirnchakra steht mit dem Denken, Sehen, Hören, Riechen, Fühlen und Schmecken im Zusammenhang. Alle Fäden laufen im Gehirn zusammen. Eindrücke und Gedanken werden im Gedächtnis unterbewußt gesammelt und stehen dem Menschen als Erinnerung zur Verfügung. In der Aura sichtbar vollzieht sich hinter der Stirn, oberhalb der Nasenwurzel, ununterbrochen der Vorgang des Denkens. Die Gedanken reihen sich aneinander wie an einem Lichtfaden. So spricht der Mensch in seinen Gedanken und zugleich in Worten zu sich selbst. Es ist das sogenannte innere Sprechen; hier ist die Kraft der Vorstellung, der Imagination, der Bildung der konkreten und abstrakten Begriffe, der Ideenverbindung und der Phantasie tätig. Die vielseitigen Begabungen sind im Gehirn verankert. Im Licht der Aura zeigen sich diese Kräfte und Veranlagungen deutlich, in verschiedenen Farbtönen schwingend, um Kopf und Hals geordnet. Nach dem Tode und dem Ablegen des physischen Körpers werden für alle Menschen — nicht nur für die Seher — auf den inneren Sphären des Bewußtseins die Gedanken sichtbar, mit ihren schönen, lichten oder häßlichen, dunklen Formen.
Mit dem Denken steht der Gedankenleib, der Mentalkörper, in Verbindung und mit dem höheren, ursächlichen Denken und dem Gemüt der Ursachenleib, der Kausalkörper. Er bildet die Grundlage des Ichs und des Charakters. Dieser ist eine Form des individuellen Wesens, nicht des persönlichen Ichs, das nur ein Reflex davon ist, denn es ist vergänglich mit der Person. Das monadische Sein hingegen kreist durch die verschiedenen Erdenleben und Aufenthalte in den Sphären und inneren Ebenen. Das Stirnchakra steht mit der Hirnanhangdrüse in Zusammenhang.

Das *Scheitelchakra* befindet sich über der Mitte des Kopfes, an der Stelle der Fontanelle. Im ersten Lebensjahr ist der Schädel dort noch offen, dann wachsen die einzelnen Teile zusammen. Dieses Chakra schwingt sehr hoch und sieht einer Lotosblüte ähnlich. Es ist in der Mitte zwölfteilig, die neunhundertsechzig Blätter sind violett, die Mitte goldgelb. Es schwingen aber noch viele

Farben opalartig mit. Die Aura darüber ist leuchtend weiß und als lichter Schein um das Haupt sichtbar. Bei heiligen und weisen Menschen strahlt das Licht hoch empor oder erscheint wie eine nach oben geöffnete Glocke. Das Scheitelchakra ist das senkrechte Verbindungszentrum kosmischer Kräfte mit dem intuitiven oder unmittelbaren Schauen. Es wird, wenn es bei Sehern und Weisen geöffnet ist, das Seelenauge genannt. Geniale Ideen werden vermittelt und die Vernunft wird erleuchtet. Das Scheitelchakra hat auch noch andere Aufgaben und Funktionen. Dieses Chakra ist, wie alle anderen, bei jedem Menschen in normaler Weise tätig. Bei positiv veranlagten Menschen, mit meditativer Befähigung, schwingen Herz-, Stirn- und Scheitelchakra in besonderer Weise mit den übrigen zusammen. Das ist in der Aura deutlich sichtbar. Der Auferstehungsleib ist mit diesen reinen hohen Kräften und der geistigen Seele verbunden als Licht des Geistes. Es ist der Genius des Menschen. Das Scheitelchakra steht in Verbindung mit der Zirbeldrüse.

Farbtafel 14
Aura eines meditierenden Yogi

Die Lotosblüte ist ein archetypisches Symbol des Heraufsteigens der Seele aus dem Urschlamm, durch das Unbewußte des Wassers, zur Bewußtheit des Lichtes. Der Yogi sitzt auf der Lotosblüte zum Zeichen dafür, daß er sich aus dem Sumpf der Niederungen zum Licht erhoben hat. Sie ist das Sinnbild der vollkommenen Reinheit, die sein Scheitelchakra ebenfalls ausdrückt. Die Lotosblüte symbolisiert die irdische, das Scheitelchakra die göttliche Reinheit. Erst wenn beide miteinander in Verbindung stehen, ist die Vollkommenheit erreicht. Wie unten so oben, wie oben so unten!
Im Körper wird diese Verbindung hergestellt durch die Kundalini, die Schlangenkraft, das Lebensfeuer. In den drei Vitalitätsbahnen, die am Rückenmark entlangführen, strömt bei jedem Menschen Lebenskraft. Solange die Chakras noch nicht erweckt sind, ruht jedoch die Kundalini im Wurzelchakra. Durch

Belebung der Zentren werden die beiden links und rechts verlaufenden Kraftströme veranlaßt, sich in dem in der Mitte befindlichen Kanal zu vereinigen und in die höher gelegenen Chakras aufzusteigen. Dabei geschieht es gelegentlich, daß die Kundalini für kurze Zeit das Scheitelchakra erreicht. Dies bewirkt, daß der Meditierende sich in wunderbarer Weise von Licht und Kraft durchströmt fühlt. Wenn es ihm gelingt, die Kraft bewußt ins Scheitelchakra zu leiten und über längere Zeit dort festzuhalten, ist das Ziel des Yoga erreicht.
Auf dem Bild sieht man die im Mittelkanal emporsteigende Kundalini. Der Yogi befindet sich in vollkommener innerer Ruhe, deshalb sind seine Chakras, solange dieser Zustand anhält, leuchtend, aber ebenfalls in Ruhe. Die Hauptkraft ist in das Scheitelchakra hinaufgezogen. Die anderen Chakras sind aber trotzdem von Kraft durchströmt, die auf den Verbindungsbahnen kreist. Dies ist bei jedem lebenden Menschen der Fall. Bei einem wenig Entwickelten würden die Chakras dem Seher wie noch halb geschlossene Knospen erscheinen; bei diesem Yogi sehen sie wie voll geöffnete Blüten aus. Unmittelbar um den Ätherleib herum ist eine starke, gleichmäßige Abstrahlung des Lebensfluids zu sehen.
In der Meditation, wenn sie richtig ausgeführt und von höheren Wesen geleitet wird, vereint sich der unsterbliche Teil des Menschen mit Gott, um kürzere oder längere Zeit mit Ihm eins zu sein. Dies ist ein Zustand, der das Erkennen des wahren Wesens der Dinge ermöglicht, ohne Beteiligung des Verstandes, der ja irdischer Natur ist. Der ganze Mensch schwingt und lebt dabei in Gott, in einem Zustand der vollkommenen Seligkeit, in dem Gott vollkommen im Menschen lebt und der Mensch vollkommen in Gott.

Farbtafel 15
Odische Aura

Der Ätherkörper ist umgeben von der durchsichtigen, rosig getönten Odischen Aura. Er ist das genaue Abbild des physischen Körpers, oder richtiger gesagt, dessen Vorbild, nach dem sich die Materie formt. Wenn am physischen Körper ein Glied fehlt, etwa durch eine Amputation, so ist es am Ätherkörper trotzdem vorhanden. Er enthält die ätherischen Entsprechungen aller Organe des physischen Leibes. Der Hellseher kann sie schauen, und er sieht auch die durch Krankheiten bedingten Veränderungen an diesen Organen, was eine Diagnose ermöglicht. Geistige Heilungen werden am Ätherkörper vorgenommen. Sie ziehen die Heilung des physischen Körpers nach sich.

Auf dem Bild sind die Organe nicht gezeichnet, wohl aber das Gehirn und das Nervensystem des Ätherkörpers, weil ihm eine besondere Bedeutung zukommt. Die ätherische Milz nimmt die von der Sonne herabströmende Lebensenergie auf und wandelt sie in die Lebenskraft des Körpers, die den Nervenbahnen entlangströmt und deren Zentrum das Gehirn ist.

C. W. Leadbeater äußert sich in seinem Buch "Der sichtbare und der unsichtbare Mensch": *„Dieses Strömen bildet unbedingt die Grundlage zu einer richtigen Nerventätigkeit, denn sobald es aufgehoben wird, schwindet jedes Gefühl."* (4)

Die Strahlung, welche den Ätherleib unmittelbar umgibt, ist eine Ausströmung der Lebenskraft. Freiherr von Reichenbach, der über dieses Thema viele Versuche durchführte, nannte sie die "Odische Lohe". Diese früher nur für Sensitive sichtbare Strahlung kann heute durch die Erfindung der Kirlian-Photographie allen interessierten Menschen zugänglich gemacht werden. Es ist beeindruckend, die photographierte hellfarbige Strahlung einer Hand, einer Raupe, eines Blattes zu betrachten, denn dies technisch hergestellte Abbild einer Strahlung deckt sich mit den Beschreibungen der Sensitiven und Seher.

Händen, Füßen, Kopf und Augen entströmt das Lebensfluid besonders stark. Beim geistigen Heilen fließt die Lebenskraft aus den Händen des Heilers in den Ätherleib des Kranken. Sensitive können dies als weiße oder farbige Strahlung wahrnehmen. Die Abstrahlung des Lebensfluids wird auch Gesundheitsaura genannt. (Vgl. auch Farbtafel 16 und 17)

(4) Freiburg 1964, S. 127

Farbtafel 16
Ätherkörper eines Gesunden

Die odische Aura ist zart rosa-lila mit einer leichten grauen Tönung. Man sieht die Chakras und die Nervenbahnen, an denen die Lebenskraft entlangströmt. Der Ätherleib zeigt sich in kräftigem Rosa-Braun. Der starre Blick ist charakteristisch für diesen Körper, denn für sich allein — losgelöst von der Geist-Seele — ist er eine seelenlose Hülle. Die Strahlung des Lebensfluids ist gleichmäßig und stark. Sie zeigt sich in Weiß mit einem schönen leuchtenden Rosa. Die Strahlen sind gleichmäßig parallel oder fächerförmig ausgerichtet. Dieser Mensch befindet sich bei bester Gesundheit, und die starke Strahlung ist ein guter Schutz gegen das Eindringen von Krankheitskeimen. C. W. Leadbeater sagt: *„In einem gesunden Menschen arbeitet die Milz so gründlich, daß die angeeignete Lebenskraft in großer Menge vorhanden ist und stetig nach allen Seiten hin vom Körper ausstrahlt. Ein vollkommen Gesunder kann daher nicht nur wissentlich durch Magnetisieren einiges davon anderen mitteilen, sondern auch oft ganz unwissentlich, indem er Kraft und Lebensenergie auf seine Umgebung ausströmt."* (5)

Farbtafel 17
Ätherkörper eines Kranken

Das Rosa-Lila der odischen Aura ist durch Grau- und Brauntöne getrübt, der Ätherkörper des Kranken ist blasser als der des Gesunden. Die Strahlung des Lebensfluids zeigt sich in einem bleichen Rosa-Braun. Sie ist kurz und schwach, an manchen Stellen fehlt sie ganz. Die Strahlen streben nicht gerade aufwärts, wie bei einem Gesunden, sondern hängen gebogen abwärts. Sie haben stellenweise nicht die gleiche Richtung, sondern laufen ungeordnet durcheinander. C. W. Leadbeater erkannte als Ursache: *„Der Grund dieser sonderba-*

(5) ebd., S. 128

ren Erscheinung ist höchst interessant. Wir finden nämlich, daß die Steifheit und parallele Stellung dieser Ausstrahlungen durch das fortwährende Hervortreten des überflüssigen Lebensfluides bewirkt wird; tritt nun Krankheit ein, so hört diese Ausstrahlung auf und bwirkt diese soeben erwähnte Verwirrung. Wird die körperliche Gesundheit wieder hergestellt, so ordnen sich die Linien nach und nach wieder, da die regelmäßige magnetische Ausstrahlung der Lebenskraft wieder eintritt." (6)

Farbtafel 18
Ätherkörper bei mediumistischer Besessenheit

Die odische Aura dieses Mediums ist rosa-rot. An der veränderten Tönung erkennt der Seher, daß die Frau durch einen fremden Willen gelenkt wird. Dies wird auch deutlich durch die in die Aura eingedrungene Hand, die dem Astralkörper des Menschen angehört, der das Medium für seine Zwecke mißbraucht. Die fahle Färbung des Ätherkörpers zeigt die Schwächung der Gesundheit durch diesen Fremdeinfluß. Auch die Strahlung des Lebensfluids ist gestört und nur teilweise vorhanden. Rechts hinter dem Kopf des Ätherleibes sieht man den Kopf des Astralleibes der Frau, links Kopf und Hand eines verstorbenen, erdgebundenen Mannes. Die Aura hat durch wiederholtes Hypnotisieren links oben einen Riß bekommen, der Astralkörper des Mediums wurde durch den Hypnotiseur am oberen Teil herausgedrängt, und dadurch konnte der Astralkörper des Verstorbenen eindringen.
Das Medium steht nicht unter direkter Hypnose, empfängt aber doch Willen und Kraft des Hypnotiseurs, ebenso der Körper des Verstorbenen, denn der Hypnotiseur befähigt ihn, dem Ätherkörper des Mediums Lebenskraft zu entziehen. Das teufelsartige dämonische Wesen nimmt der Besessenen körperliche Kräfte und schädigt auch ihre anderen Leiber. Dadurch wird sie in ihrer

(6) Vgl.: C.W.Leadbeater, "Der sichtb. und unsichtb. Mensch", Freiburg 1964, S.129

geistigen Entwicklung solange gehemmt, bis sie sich aus eigener Kraft mit der Hilfe von Wesen, die Gott dienen, von dem Besessenheitsgeist und dem Dämon befreit haben wird, und das kann vereinzelt viele Leben erfordern. Es kommt darauf an, wie stark sie sich durch eigene Schuld mißbrauchen läßt und wie schnell sie sich durch eigenes Bemühen aus der Verstrickung des Bösen wieder befreien kann.

Der Einstieg in eine solche Besessenheit kann ganz harmlos erscheinen. Es können eine oder mehrere hypnotische Behandlungen aus Gesundheitsgründen oder wegen seelischer Störungen sein, ebenso wie eine Tätigkeit als spiritistisches Medium oder Besucher einer solchen Sitzung, falls der Mensch für eine Besessenheit die Voraussetzung mitbringt. Es können aber auch alle anderen medialen Fähigkeiten sein, die durch astralen oder mentalen Fremdeinfluß entstanden sind und nicht durch Inspiration höherer Wesen. Dazu gehören zum Beispiel künstlerische Tätigkeiten aller Art, die der sonst unkünstlerische Mensch zwanghaft ausführen muß. Etwas anderes ist es, wenn Menschen von höheren Wesen inspiriert werden. Diese freiwillige Zusammenarbeit findet im Wachbewußtsein oder einem höheren Bewußtseinszustand statt, der göttlich zu nennen ist. Menschen, denen dies zuteil wird, zeichnen sich durch große Bescheidenheit aus und sind an Ruhm und materiellem Besitz nicht interessiert. Sie fühlen sich als irdisches Werkzeug in der Hand Gottes und tun ihre geistige Arbeit zum Wohl ihrer Mitgeschwister in selbstloser Hingabe. Sie werden, solange sie diesem Weg treu bleiben, ohne sich beirren oder von Äußerlichkeiten verführen zu lassen, niemals gesundheitliche oder geistige Schäden davontragen. Dies ist jedoch der Fall bei medial veranlagten Menschen, die aus Neugier, Torheit oder Geldgier diesen Weg gehen oder gar bewußt andere Menschen irreführen und schädigen. Nur der Mensch geht den richtigen und gefahrlosen Weg, der sich ganz unter Gott stellt und all seinen Mitgeschöpfen gegenüber ein wahrer Freund und Bruder ist. Ihm erwachsen von allein, wenn er die nötige Reife hat, nach und nach alle diese Fähigkeiten, die zu seiner Vervollkommnung gehören, und die er ganz in den Dienst seiner Brüder und Schwestern aus allen Bereichen der Natur stellt. Niemals wird er irgendein Geschöpf, sei es auch noch so gering, durch seine Begabung schädigen, weder materiell, noch seelisch, noch geistig, denn für ihn sind sie alle seine jüngeren und älteren Geschwister im Geiste.

Farbtafel 19
Aura eines Magiers

Es gibt zwei Arten von Magie, die weiße und die schwarze. Die weiße Magie dient dem Licht und damit Gott. Sie ist gewaltlos in ihrer Anwendung und hat allein durch das göttliche Licht, das den Menschen vollkommen erfüllt, die wundersamsten und tiefbeglückendsten Auswirkungen, die von Unwissenden 'Wunder' genannt werden. Die weiße Magie schädigt niemals ein Wesen, auch wenn es nicht dem Licht dient. Sie verstärkt vielmehr alle guten Gedanken, Taten und Gebete bei noch unvollkommenen Geschöpfen jeglicher Art und befreit sie so nach und nach von Egoismus, Eitelkeit, Hochmut und allen anderen Charakterfehlern. Sie läßt jedem Wesen seine Freiheit als Gottesgeschöpf und zwingt es nicht, einen bestimmten Entwicklungsweg zu gehen.

Anders ist es bei der schwarzen Magie, die sich durch rohe Gewalt der Leiber und Seelen der Menschen oder anderer Wesen bemächtigt und sie zu willenlosen Sklaven herabwürdigt. Sie werden dadurch in ihrer Entwicklung für lange Zeit gehemmt. Der Mensch kann so weit zurückgeworfen werden, daß er seinen Weg zur Vollendung nochmals beginnen und in vielen leidvollen Leben die Folgen der "Sünde wider den Heiligen Geist" tragen muß, bis er zur Einsicht gelangt.
In der heutigen Zeit stellt das materialistische Denken eine große Gefahr dar, die dem Menschen, der noch ganz im Irdischen verhaftet ist, nicht bewußt wird. Sein Sinnen und Trachten gilt nur dem Streben nach äußerlichen Genüssen, Reichtum, Erfolg und Macht, und so geschieht es sehr leicht, daß er unwissentlich durch Praktiken aller möglichen Art in Berührung mit der schwarzen Magie kommt. Die Menschen werden den verschiedensten suggestiven Beein-

flussungen ausgesetzt, sei es durch Werbung, Literatur, Radio oder Fernsehen. Auch durch politische oder religiöse Fanatiker werden sie in die Irre geführt. Hinter vielen dieser Suggestionen steht nicht nur die Ausbeutung des Menschen, sondern bewußt oder unbewußt die schwarze Magie.

Es werden Talismane angeboten, Bücher, die Erfolg oder Hilfe verheißen, Kurse, Meditationen, Führung durch einen Guru. Aber alle Praktiken, die ein Geschöpf, gleich welcher Art, schädigen, um dem Praktizierenden Nutzen zu bringen, sei es das Erzwingen von Liebe, Gesundung auf Kosten anderer, Reichtum um jeden Preis oder Macht über andere, stellen eine Verbindung zum Bösen her und zu schwarzmagisch arbeitenden Menschen im Diesseits oder in der Astralwelt. Diese Verbindung ist auch dann hergestellt, wenn äußerlich kein Erfolg durch die Praktiken zu erkennen ist. Sie ist sehr schwer wieder zu lösen, da die Verführung bleibt und zu weiteren Versuchen verlockt, die auch Erfolg zeigen können. Nach und nach verliert der Mensch dadurch jedes Gefühl für Recht und Unrecht, wird gewissen- und seelenlos und eine Gefahr für die Menschheit. Viele solcher schwarzmagisch arbeitenden Menschen leben unerkannt auf der Erde, unterstützt von Wesen der gleichen Art auf der Astralebene und greifen verhängnisvoll in die Geschicke derjenigen Menschen ein, die ihrem Einfluß zugänglich sind. Dies wird noch viel zu wenig erkannt und als Aberglaube angesehen, obwohl es eine seit Urzeiten praktizierte Realität ist.

Auf dem Bild von der Aura des Magiers werden die häßlichen Grüntönungen durch die große Intelligenz des Mannes verursacht, die jedoch zu negativen Zwecken mißbraucht wird. Die Brauntöne zeigen seinen Egoismus, die unreinen Rot- und Orangetöne seine Leidenschaft und Eitelkeit.

Die Schlange mit dem Raubtierkopf ist der persönliche Dämon des Magiers. Der Mann glaubt, daß dieses Wesen ihm diene, aber in Wirklichkeit dient der Mensch dem Dämon. Von ihm empfängt er die Kraft des Bösen, die er in seinen Gedanken und Handlungen weitergibt. Die Frau mit dem grünen Gesicht ist sein Medium, das für ihn arbeitet. Es ist ihr Astralleib, der hier sichtbar wird. Das Gesicht des Mannes mit der Brille gehört zum Astralkörper eines erdgebundenen Verstorbenen, der sich bei Lebzeiten mit schwarzmagischen Praktiken befaßt hat. Durch den lebenden Magier und sein Medium kann er seine Interessen über den Tod hinaus weiterverfolgen. Dabei kommt es zu okkulten Phänomenen. Der große Kopf gehört einem riesenähnlichen dienstbaren Geist, der Befehle des Magiers roboterhaft ausführt.

Die Frauengestalt hinter ihm, im grünen Kleid, ist der Astralleib einer Frau, die er durch magische Mittel an sich gebunden hat. Er lebt von ihrer Kraft. Die Frau hat ihn teilweise durchschaut und möchte sich ihm gerne entziehen, deshalb bedroht er sie durch die Gestalt eines Mörders, um sie einzuschüchtern und festzuhalten. Über kurz oder lang wird dieses Gebundensein an den Magier zu ihrem körperlichen und seelischen Ruin führen.

Das kümmert den Magier nicht. Er, der feine Herr im Frack und Zylinder, strebt nach Ruhm und Macht. Er wünscht den Lorbeerkranz zu erringen, den ihm das durch seine negativen Gedanken erschaffene Elemental darreicht. Auch der Vogel, mit dem giftigen Zweig und der Giftflasche, ist ein solches Elemental, das durch seine Gedanken erzeugt wird und ihn nun seinerseits immer mehr bestärkt in seinen negativen Gedanken und Handlungen.

Der Fuchs ist das Symbol der List und Verschlagenheit dieses Mannes. Die anderen Tiere — Fledermäuse, Ratten, Spinnen, Salamander — versinnbildlichen alle die Kräfte des Negativen.

Bei so viel Bösem, das von dem Magier ausgeht, bleibt es nicht aus, daß sich dieses auch gegen ihn selbst wendet: Der kleine grüne Dämon beißt ihn in die Schulter und vampirisiert ihn, saugt ihm Lebenskraft aus, die er sich auf magischem Wege wiederbeschaffen muß, um existieren zu können. Diesem Zweck dienen die beiden Frauen hinter ihm. Zwischen dem Medium und ihm findet allerdings ein teilweiser Kräfteaustausch statt.

Das rote Gesicht links oben gehört dem "Lenker im Hintergrund". Es symbolisiert die Kraft des Bösen, die den Magier und alle ihn umgebenden Gestalten lenkt.

Farbtafel 20
Aura eines zerstörerischen Menschen

Dieser Mensch stellt sich und seine Intelligenz bewußt in den Dienst des Bösen, das als personifizierte Kraft hinter ihm steht. Seinem Kopf entspringt das grün-rot flammende Band. Die Farben bedeuten das Aufzwingen des eigenen Willens auf einen fremden. Es schwingt als Dunstkreis um das umgekehrte Pentagramm, das die verführten Seelen im Hexensabbat anbeten. Er ist ihr Herr und mißbraucht sie für seine Zwecke. Hinter ihm warten seine dämonischen Diener darauf, seine Aufträge auszuführen. Das grün-rote Zeichen auf der Stirn des auf Zerstörung gerichteten Menschen zeigt, daß er dieser Kraft des Bösen dient und seinerseits anderen Menschen seinen Willen aufzwingt.
Die grün-braune Schlange bedeutet, daß Egoismus und Intelligenz sich gepaart und in den Dienst des Bösen gestellt haben. Sie verschlingt das Kind, das Symbol der Unschuld und aller höheren Bestrebungen. Dahinter lauern die Dämonen der Zerstörung. Der Adler — bei diesem Mann ein Zeichen des Hochmutes und der hochfliegenden, ehrgeizigen Pläne — steigt auf und breitet seine Flügel aus. Hinter ihm erscheint das Orange und Grün der Eitelkeit. Der grüne Halbmond ist eine Wiederholung des Zeichens auf der Stirn des Mannes. Egoismus, Eitelkeit, Hochmut und Ehrgeiz sind die Charaktereigenschaften, die ihn verführbar gemacht und in den Dienst des Bösen gestellt haben. Die Informationen aus der Zeitung, das Gold und den magischen Spiegel benötigt er zur Verwirklichung seiner Pläne.
Rechts von ihm sieht man seine Opfer: Die Frau, die von einem Dämon gequält wird, und das gefesselte, verhungernde Kind stehen für all die gequälten Frauen und gemarterten, hungernden Kinder, die seinen Weg säumen.
Der blasse Männerkopf links oben gehört seinem verstorbenen Lehrmeister, der ihn zu den Gedankengängen brachte, die ihn auf diesen Weg führten. Der Lehrer ist aber nicht glücklich darüber, denn der Schüler legte die Lehren anders aus, als er sie gemeint hatte, und er sieht aus der jenseitigen Welt die verheerenden Folgen.
Der blasse Frauenkopf rechts oben gehört der verstorbenen Frau, die ihn liebte

und seine ehrgeizigen Pläne förderte. Sie weint über sich selbst und über das Elend, das sie ihn erzeugen sieht. Sie hat zwar nicht Teil an seinen Taten, wohl aber an der Flut negativer Gedanken, die den Taten vorausgingen und sie nach sich zogen.

Jeder furchtsame, neidische, haßerfüllte Gedanke ist eine große Kraft, die mit jeder Wiederholung stärker wird und unheilvolle Auswirkungen zeitigt — nicht nur für den Menschen, der sie hegt, sondern auch für alle anderen Menschen mit ähnlichen Gedanken. Gleiches zieht Gleiches an, im Guten wie im Bösen.

Friedvolle, reine, lichte Gedanken der Liebe zu allen Wesen leuchten in die Welt hinein wie das warme, lebenserhaltende Licht der Sonne und bringen allen Segen. Die Erkenntnis, daß alle Wesen Geschöpfe Gottes sind, besiegt die Macht des Bösen und erlöst jeden einzelnen Menschen.

Farbtafel 21

Aura einer lebenslustigen Frau

In dieser Aura fallen die Farben Pfauenblau und Rosa, in verschiedenen Tönungen, am meisten ins Auge. Es ist jedoch nicht überall das Rosa der reinen Liebe, sondern es mischt sich stellenweise das Braun des natürlichen Egoismus und das Orange der Eitelkeit hinein. Allerdings ist auch das reine Orange der Freudigkeit vorhanden. Das Grün der Intelligenz und Anpassungsfähigkeit gibt es in verschiedenen Abstufungen. Die rosa Strahlung des Lebensfluids zeigt die Vitalität dieser Frau an.

Der weiße Hund, als Symbol des positiven Seelenführers, ist etwas behindert durch das auf ihm stehende Kätzchen, welches die Sexualität versinnbildlicht. Die Gans nimmt in dieser Aura nicht den Platz einer Götterbotin ein, sondern symbolisiert die menschlichen Sinne, die "schwer zu hüten" sind. Auch das Eichhörnchen ist nicht der Vermittler zwischen Himmel und Erde. Wenn es auch hier nicht direkt als das Symbol des 'Teufels' zu werten ist, so ist es doch

durch seine Gewandtheit und seine Ähnlichkeit mit dem listenreichen Fuchs ein Ausdruck der negativen Kräfte, von denen die Frau noch nicht ganz frei ist. Die beiden orangefarbenen Schmetterlinge zeigen in diesem Fall Flatterhaftigkeit und Eitelkeit an.
Das Herz mit den rosa Bändern und die Rosen sind Sinnbilder der Liebe. Auch die teils mehr teils weniger gut ausgebildeten Pflanzen blühen in verschiedenen Rottönen.
Über den Schmetterlingen sieht man einige undeutliche Gedankenformen.
Der Pfau gilt im Westen meist als Symbol des Hochmutes und der Eitelkeit. Im Osten dagegen ist er das Bild eines Lebens in Schönheit und Liebe und der Buntheit unserer Welt, die Gott zur Freude seiner Geschöpfe erschaffen hat. Da außer den beiden im Hintergrund fliegenden Pfauen der große radschlagende Pfau zu Häupten der Frau erscheint und ihr Kleid die Farbe des Pfaues trägt, zeigt er an, daß sie ein Leben der Sinnenfreude führt, das jedoch — ausgewiesen durch das zarte Rosa um ihre Gestalt — der echten Liebe nicht entbehrt.

Farbtafel 22
Aura des Dr. Franz Hartmann

Dr. Franz Hartmann war ein Schüler und Freund von Helena Petrowna Blavatsky und ein bedeutender Theosoph. Bei einem seiner zahlreichen Vorträge lernte er den jungen Erhard Bäzner kennen, der von seiner Persönlichkeit sehr beeindruckt war. Erhard Bäzner hatte bis dahin durch seine seherische Begabung, die niemand in seiner Umgebung verstand, sehr große Schwierigkeiten durchlebt. Der Arzt Dr. Hartmann, der selbst hellsehend war, prüfte seine Fähigkeiten und konnte ihm verdeutlichen, daß dies keine Geisteskrankheit, sondern ein Geschenk Gottes sei. Er wurde sein verehrter geistiger Lehrer, und bald verband die beiden Männer auch eine herzliche Freundschaft.
Das Bild zeigt nur den innersten Kern der Aura von Dr. Franz Hartmann. Erhard Bäzner sah, daß sie sich bei Vorträgen 160 — 180 m in die Höhe und

180 — 200 m in die Breite ausdehnte; 15 — 20 m reichte sie in die Erde.
Der abgebildete Teil der Aura enthält die verschiedenen Tönungen des Gelbs der Erkenntnis, dazu das Orange der Freudigkeit, das Rosa der reinen Liebe und das Weiß des göttlichen Lichtes. Um seine Schultern sieht man die Ausstrahlung des Lebensfluids. Die große helle Kopf-Aura zeigt die hohen Geisteskräfte dieses Mannes.
Links von Dr. Hartmann sieht man das Zeichen des Yin und Yang, den zwei konträren Grundprinzipien der chinesischen Philosophie. Sie stellen die Polarisation dar, in die die Einheit des Uranfanges auseinandergebrochen ist, stehen sich jedoch nie als grundsätzlich feindlich gegenüber, sondern befinden sich in ständiger Einflußnahme aufeinander.
Das Henkelkreuz, das ägyptische Ankh, stellt den vollendeten Menschen dar. Über der Luther-Rose breitet das Christus-Kind segnend seine Hände aus. Die Rose hat in der westlichen Mystik dieselbe Bedeutung wie der Lotos im Osten. Die rote Rose ist — im Zusammenhang mit dem Blut Christi — ein Symbol der mystischen Wiedergeburt. Über dem Kopf des Christus-Kindes zeigt sich ein Komet, rechts von ihm die Weltspirale.
Rechts von Dr. Hartmann sieht man das Göttliche Kind, auf der Erdkugel stehend. Es hat die Schlange der Verführung beim Kopf gepackt und lehnt sich an den Baum der Erkenntnis.
Über dem Baum zeigt sich das Schriftzeichen der heiligen Silbe Om oder Aum. Die Mystiker verstehen darunter die schöpferische Urkraft Gottes, die das Universum hervorbrachte. Darüber sieht man in einer angedeuteten Lotosblüte ein sternartiges Kreuz in einem Kreis. Dieses Kreuz ist ein Symbol des Ausgleichs von Aktivität und Passivität beim vollkommenen Menschen. Im Kreis versinnbildlicht es das Rad des Lebens und der Wiedergeburt.
Der Kinderkopf im Regenbogen zeigt den jungen Prinzen Siddhartha, den späteren Gautama Buddha.
Die übrigen Köpfchen mit den kindlichen Gesichtern gehören Engeln. Es gibt verschiedene Arten von Engeln: Die einen sehen wie Männer aus, die anderen wie Jünglinge oder junge Mädchen, wieder andere wie größere oder kleinere Kinder.

Links oben erkennt man das Symbol des Dreiecks mit dem Auge, auch "Auge Gottes" genannt, rechts oben das Symbol der Sonne.
Der schöne Kristall versinnbildlicht die Klarheit und geistige Reinheit des Dr. Franz Hartmann.

Farbtafel 23
Aura eines alten Sehers

Das sogenannte Hellsehen unterscheidet sich grundlegend vom Schauen eines echten Sehers. Es gibt traumhaftes Sehen im Aufwachen oder kurz danach, psychometrisch-magnetisches, psychisches und geistiges Hellsehen. Die klare geistige Schau der wirklichen Seher ist ein Schauen im Lichte der Aura. Unterschiede in der Beschreibung entstehen dadurch, daß die Aura sich ständig verändert, wie auch die Gedankenformen in fließender Bewegung sind. Intuition ist das blitzartige Schauen und Erkennen jedes geistig wachen Menschen. Er erkennt intuitiv, was wahr ist, ohne Hellseher zu sein. Dies ist sehr beglückend.

Hellsehen ist meist verbunden mit Hellhören, denn Licht- und Farbton ist zugleich auch Tonklang. Es gibt eine Musik der Sphären mit wundervollen Klängen und Melodien in den ewigen Harmonien des Seins, begleitet von nektarartigen Düften, die durch reine Schwingungen beim Menschen ausgelöst werden. Sie können empfunden werden bei selbstloser Liebe und Freundschaft. Die zarten und zugleich feurigen Düfte, die manche Menschen bei Abschied oder Wiedersehen verspüren, sind wie Blumendurft in einer göttlich reinen Atmosphäre.
Die Schwingungen von Himmel und Hölle werden vom geistigen Seher sehr viel stärker und tiefer empfunden als von einem weniger begabten Sensitiven. Für die meisten Menschen wäre die Schau in Vergangenheit und Zukunft eine untragbare Belastung, die ihnen das innere Gleichgewicht nehmen würde. Segensreich dagegen ist das Ringen darum, in reiner Gesinnung mit dem göttli-

chen Urgrund der Seele eins zu werden und so mit der Natur und allen Wesen von innen heraus verbunden zu sein.

Das Bild zeigt einen Seher unserer Zeit. Sein Name ist nur Eingeweihten bekannt. Der Kopf, mit den Händen über ihm, ist der "Engel im Menschen", sein Genius. Die Augen sind die seines Meisters. Er gibt die Schau an den "Engel im Menschen", und dieser leitet sie weiter abwärts bis in den physischen Körper. Es besteht bei dem Seher ein Einklang aller Körper, und er ist zur Zeit des Sehens in allen Körpern bewußt. Er erhält die Schau bei vollem Wachbewußtsein und kann alles mit seinem Verstand überprüfen, der ja auch eine Gottesgabe ist. Der Seher kann innerlich Fragen stellen, wenn er etwas vom dem Geschauten nicht versteht. Sein Meister ist bei ihm und kann antworten.

Der Drachen ist die Personifizierung der Kräfte der Finsternis, die beiden Schlangen auch. Sie wachsen alle drei aus demselben Knäuel von Schlangenleibern heraus. Die vier Köpfe, die aus dem Drachenkopf hervorgehen, versinnbildlichen die negativen Kräfte im Kommunismus, im Islam, in Amerika und Europa. Dort gibt es überall auch gute Kräfte, aber hier sind nur die negativen gemeint.

Die Gebäude stehen für Völker und deren Ideologien, die alle ins Wanken geraten im Atomzeitalter, das durch den Atompilz dargestellt ist.

Dem erschreckenden unteren Teil steht jedoch der helle obere gegenüber. Aus den Reichen Gottes, den Reichen des Lichtes, eilen die Engel und Devas der Hilfe herbei.

Wie schlimm sich auch auf der Erde alles gestalten mag — es geschieht unter der Führung Gottes. Das Atom-Zeitalter wird nicht die Vernichtung der Menschheit bringen, sondern eine Neubesinnung der Menschen auf die wahren Werte. Freilich wird diese Frucht nur aus dem Leid heraus erwachsen. Da die Menschheit so viel Leid erzeugt hat, kann sie nur durch Leiden genesen.

Der Eschenschößling rechts unten im Bild zeigt einen Neubeginn an. In der Mythologie der Germanen war der Weltenbaum eine Esche. Das Pentagramm, dieses uralte Schutz- und Heilszeichen, über dem jungen Baum mit dem Henkelkreuz in der Mitte, dem Zeichen des vollendeten Menschen, deutet den Weg an, der begangen werden muß. Hinter dem Pentagramm scheint das ver-

kehrte Pentagramm auf, das Zeichen der widergöttlichen Kräfte. Diese beiden gegensätzlichen Zeichen sind in einem Lichtkreis vereint. Das bedeutet, daß das Auseinanderbrechen der uranfänglichen Einheit in die Gegensätzlichkeit überwunden wird. Nicht die alte, wohl aber eine neue Einheit wird hergestellt werden und zwar durch die Vollendung der Menschen. Diese neue, vollendete Menschheit, die noch im Werden begriffen ist, zeigt sich in dem Kinderköpfchen mit den betenden Händen, das aus der Blütenform hervorwächst, die den Pentagramm-Stern im Kreis umgibt. Die Lotosblüte rechts unten deutet das Emporwachsen zum Licht aus dem Sumpf der Niederungen an. Die Tränentropfen zeigen, daß der Weg zur Vollendung über das Leiden geht.
Die beiden Kinderköpfchen rechts oben symbolisieren Johannes den Täufer und Jesus Christus. Beide kamen als Kinder in unsere Welt, um die Menschheit zur Buße zu rufen und die Versöhnung mit Gott zu bringen. Das dritte Kinderköpfchen oben ist ein kommender geistiger Menschheitsführer.
Die rosa Kometen zu beiden Seiten des "Engels im Menschen" bedeuten das rasche Einfließen guter geistiger Kräfte.
Das kometenähnliche Gebilde über dem Seher zeigt die göttliche Kraft an, die auf ihn einströmt. Vom Saturn, der rechts oben zu sehen ist, werden an fortgeschrittene Menschen viele positive Impulse und geistige Kräfte gesandt.
Über dem Scheitel des Sehers schwebt eine weiße Kugel. Er ist ein Begnadeter, über dem sich die Kräfte Gottes sammeln in der reinsten Form, in der Lichtkugel, dem Zeichen der Vollendung.

Farbtafel 24
Auren der Naturgeister, Elementale und Dämonen

In den Märchen aller Völker ist oft vom "heimlichen Volk" die Rede. Dort wird altes Wissen über Naturgeister vermittelt, die mit den verschiedensten Namen bezeichnet werden. Bei den heutigen Menschen stößt man meist auf Ablehnung, wenn man über sie spricht, ja, sogar manche Esoteriker zeigen sich skep-

tisch. Die Naturgeister sind von Gott erschaffen, wie die Elemente, deren Essenz sie bilden. Sie existieren im Ätherbereich, weshalb sie auch halbmateriell genannt werden. Der größte Teil der Naturgeister entstammt einem der vier Elemente: Feuer, Wasser, Luft und Erde. Jedes dieser Elemente wird von einer feinstofflichen Substanz durchdrungen. Jedes Element hat seine Gruppenseele, von der die Naturgeister ausgesandt werden, und in die sie nach ihrem Tod zurückkehren. Es gibt jedoch, genau wie bei den Tieren, einen Individualisierungsprozeß. In der Gesamtgruppe eines Elementes bilden sich kleinere Untergruppen und schließlich auch Einzelwesen. Haben diese einen bestimmten Entwicklungsstand erreicht, werden sie nicht mehr in ihrem Element verkörpert. Nach einem längeren Schulungsaufenthalt in den geistigen Welten, werden sie eingesetzt als Helfer der Engel und als Boten zwischen Engeln und Naturgeistern. Es gibt jedoch auch kleine unpersönliche Naturgeister, die von höheren Wesen — Engeln, aufgestiegenen Naturgeistern oder vollendeten Menschen — aus der ursprünglich ungeformten Elementalessenz erschaffen wurden für eine bestimmte Aufgabe, mit deren Erlöschen sie selbst in die Elementalessenz zurückkehren.
Naturgeister können von Schwarzmagiern mißbraucht werden, die sie zu beherrschen wissen. Sie können mit einem echten Dämon verbunden werden oder mit einem von Menschen erschaffenen Wesen, einem Elemental. Dadurch werden sie ihrer natürlichen Bestimmung entzogen, Wesen der Hilfe zu sein und dienen dem Bösen, wodurch sie in ihrer Entwicklung gehemmt werden.
Naturgeister werden auch — als den vier Elementen entstammend — Elementar-Geister genannt. Manche Autoren nennen sie allerdings Elemental-Geister, sie verwenden die Bezeichnung also genau umgekehrt. In diesem Buch werden diejenigen Wesen Elementale genannt, welche von Menschen aus der Elemental-Essenz erschaffene Gedankenformen sind, die alle möglichen Gestalten annehmen können, auch die von Naturgeistern. Es sind seelenlose, automatenhafte Wesen, die zunächst nur aus der Kraft ihres Erzeugers leben, sich aber später auch verselbständigen können.
Wer Verbindung zu Naturgeistern sucht, sollte niemals zu irgendwelchen Be-

schwörungsformeln greifen. Er kann ihnen jedoch freundliche, segnende Gedanken zusenden. Sie lieben eine friedvolle, harmonische Atmosphäre und fühlen sich angezogen von Menschen, die guten Willens sind. Solche Menschen sind oft von Naturgeistern umgeben, ohne sich dessen bewußt zu sein, daß die angenehmen Schwingungen, die sie draußen in der Natur oder bei Minuten der Besinnung in ihrem Heim empfinden, durch diese hervorgerufen werden. Wenn bei ihnen die latente Begabung zur Wahrnehmung vorhanden ist, genügt oft der starke Wunsch, um für den Bruchteil einer Sekunde ein huschendes Zwerglein oder ein Gesicht in den Wellen zu sehen. Verwirft der Mensch dies nicht als Phantasiegebilde, so werden die scheuen Naturgeister nach und nach zutraulicher und zeigen sich deutlicher. Auf ganz natürliche Weise kann er mit ihnen Freundschaft schließen, denn sie sind ja, wie er, Geschöpfe Gottes. Dadurch findet eine Verstärkung der positiven Kräfte statt, die dem Wohl und dem Fortschritt aller Wesen dient.

Aura eines Devas der Hilfe (1)

Deva ist ein Sammelbegriff für jene lichten Wesen, die für Gott und Seine Schöpfung arbeiten, ohne eine menschliche Inkarnation zu durchschreiten. Ein Deva der Hilfe ist ein vollendeter Naturgeist, der in Not geratenen Wesen hilft — Menschen, Tieren, Pflanzen, Mineralien, jüngeren Naturgeistern. Die Devas der Hilfe halten sich in einer bestimmten Sphäre der Himmelswelt auf. Sie leben in Gruppen, und jede Gruppe hat ein Gebiet der Erde zu betreuen, das ständig beobachtet wird. Gerät dort ein Wesen in Not, so werden die Devas augenblicklich aufmerksam. Sie sehen, ob das Karma dieses Geschöpfes ein Eingreifen erlaubt; wenn ja, beraten sie sich kurz, wer von ihnen diese Hilfe am besten geben könnte, und ein Einzelner oder eine kleine Gruppe eilt in Sekundenschnelle an den Ort des Geschehens. Die Devas bringen Himmelskräfte mit und setzen starke Kraftströme in Bewegung, um dem in Not geratenen Wesen zu helfen. Ist ihr Werk vollendet, so übergeben sie den Geretteten zur Weiterbetreuung an kleinere Helfer aus den Menschen-, Natur- oder Engelreichen. Es gibt Devas der Hilfe, die noch weiter fortgeschritten sind. Sie bilden ebenfalls eine Gruppe, die jedoch kein bestimmtes Gebiet betreut, sondern an

jedem Ort einsatzfähig ist. Wenn die Not sehr groß ist, erscheinen diese mächtigen Helfer. Ihrer Hilfe sind keine Grenzen gesetzt, außer durch das Karma. Ist der Betreute in der glücklichen Lage, die Devas wahrzunehmen, so wird dies ein unvergeßliches Erlebnis für ihn sein.
Das Bild zeigt einen schwebend herbeieilenden Deva der Hilfe. Seine große leuchtende Aura erstrahlt in den Rosa-Tönungen der Liebe und in den hellen Gelbtönen der geistigen Erkenntnis. Der äußere Rand zeigt das Blau der Gläubigkeit.

Aura einer Sylphe (2)
Die Luftgeister werden auch Elfen genannt, ihre Führerinnen Feen. Sie sind den Menschen am ähnlichsten, und von allen noch in die Elemente eingebundenen Naturgeistern sind sie am weitesten entwickelt. Sie sehen aus wie junge Mädchen und sind von vollendeter Schönheit. Es gibt jedoch auch männliche Elfen, die wie schöne Knaben oder edle Jünglinge aussehen. Gekleidet sind alle Luftgeister in fließende Gewänder aus durchsichtigem Schleierstoff in Weiß oder in zarten Farben. Die am weitesten entwickelten Luftgeister haben goldglänzendes langes Haar, bei den anderen ist es dunkler. Sie betreuen die ober irdischen Teile der Pflanzen und fördern die Entwicklung der Blüten und Früchte, sind jedoch auch als Helfer tätig für andere Naturgeister, Menschen und Tiere. Die Gnomen unterstützen sie bei der Entwicklung der Minerale.
Die Aura der Sylphe erleuchtet mit ihrem herrlichen rosigen Licht die ganze Umgebung. Sie hat einen hellen harmonischen Klang. Noch reiner im Ton und leuchtender in den Farben, mit gleichmäßig verlaufenden Schwingungen, ist die Aura der Sylphenführerinnen. Sie erzeugt eine Sphäre der Reinheit und übt auf ihre Umgebung einen beruhigenden und erhebenden Einfluß aus. Niedere Schwingungen werden durch diese hohe Schwingungskraft aufgelöst. Die Sylphen können ihr Luft-Element verlassen und vorübergehend auch in die Elemente Wasser und Erde eintauchen.
Die abgebildete Sylphe gehört zu den am höchsten entwickelten Luftgeistern. Der sechseckige Stern, der in verschiedenen Farben zu Häupten aller Sylphen leuchtet, ist bei ihr von einer Spirale umgeben.

Aura einer Nixe (3)

Die Wassergeister, Undinen oder Nixen genannt, bevölkern alle Gewässer der Erde. Sie pflegen die Lebewesen des Wassers und fördern ihre Entwicklung. Die weiblichen Nixen sehen aus wie sehr schöne Mädchen oder Frauen. Einzelne haben auch eine noch kindliche Gestalt. Die Beine mancher Nixen enden in Fischflossen, oder der ganze Leib läuft in einem Fischschwanz aus, und der Unterkörper ist teilweise mit Fischschuppen bedeckt. Andere haben schöngeformte Füße, teils mit, teils ohne Schwimmhäute zwischen den Zehen. Alle haben einen rosigen und schöngeformten Oberkörper. Das Gesicht ist edel, das Haar voll und lang und oft golden glänzend, kann jedoch bei den Nixen in tieferen Gewässern auch dunkler sein. Gekleidet sind sie meist in durchsichtige Gewänder in allen Schattierungen von hellem Blau und zartem Grün. Sie tummeln sich spielend im Wasser und haben die heitere Ausgelassenheit junger Mädchen, können jedoch, je nach Anlaß, auch ernst oder traurig sein.

Der männliche Wassergeist wird Nöck genannt. Sein muskulöser Oberkörper hat menschliche Form, der untere Teil ist menschlich oder fischähnlich und häufig mit Schuppen bedeckt. Seine Haut ist meist grün bis schwarzgrün. Das Gesicht hat teils menschliche, teils fisch- oder froschähnliche Formen; da diese jedoch harmonisch zueinander geordnet sind, erscheint es nicht unschön. Haare und Brust sind oft mit Tang bedeckt. Manche Nöcks halten einen Dreizack in der Hand wie der Wassergott Neptun.

Die abgebildete Nixe, mit hell blaugrüner Aura, gehört einer mittleren Entwicklungsstufe an. Bei den Nixen der unteren Stufe ist die Aura dunkelblau, bei höher entwickelten strahlt sie in hellgrüner und lichtblauer Farbe. Die Aura der Nixenführerinnen zeigt über dem Körper ein zartes Rosa und hat einen schönen tiefen Klang. Die Nixen haben über ihrem Haupt eine sternförmige Strahlung.

Aura eines Gnoms (4)

Die Erdgeister stehen dem Menschen am nächsten von allen Naturgeistern. Sie werden je nach Land und Gegend mit unterschiedlichen Namen benannt. Es gibt zudem auch verschiedene Arten, wie Zwerge oder Wichtelmänner, Berg-

männlein, Waldleute und Kobolde. Sie alle werden Gnomen genannt. Sitten und Gebräuche der Menschen nachzuahmen gehört zu ihren Eigenarten.
Der größere Teil der Gnomen ist noch nicht sehr weit entwickelt und deshalb nicht so harmonisch in der Gestalt, wie die wenigen höherstehenden Erdgeister.
Der abgebildete Gnom gehört dieser unteren Klasse an, was aus seiner rotgrünen Aura hervorgeht.
Bei den höher entwickelten Gnomen wird die Aura blaugrün, lichtblau und zartrosa. Die Aura der Führer hat eine lebhafte, gleichmäßige Schwingung, strahlt nach allen Seiten in herrlichen zarten Farben und erklingt melodisch.
Alle Gnomen haben über ihrem Haupt eine lichte Ausstrahlung, die wie ein leuchtender Stern aussieht.

Aura eines Sturmgeistes (5)
Sylphenführerinnen sind die höchststehenden Luftgeister, Sturmgeister die am wenigsten entwickelten. Sie sind in den obersten Luftschichten beheimatet. Manche Sturmgeister können sich nur im Element Luft aufhalten, andere vermögen auch in das Wasser einzudringen. Im Sommer bewegen sie sich in höheren Luftschichten, im Herbst kommen sie zur Erdoberfläche herab und brausen über Land und Wasser dahin, bis nach den Frühlingsstürmen wieder Wetterberuhigung eintritt. Bäume und Häuser versuchen sie umzuknicken, und Menschen und Tiere versetzen sie in Angst und Schrecken, denn sie sind ganz auf Zerstörung eingestellt. Ihre im Verhältnis zur riesigen Körpergröße kleine Aura sieht aus wie eine schmutzig graugrüne Wolke mit unscharfen Konturen, die oft verblaßt oder zu einem gelblich-braunen Ton überwechselt. Im Kampf mit anderen Naturgeistern und Wesen wird die Aura dunkelgrau, schwarz oder grellgrün. Ihr Klang ist mißtönend wie Kreischen, Krachen und Zischen. Die Schwingungen sind im Kampf stark vibrierend, sonst sehr träge und unregelmäßig. Sie haben keinen Führer, sondern finden sich in zufälligen Gruppen zusammen, die größeren greifen oft die kleineren an.
Während die Sylphen einen guten Einfluß auf ihre Umgebung ausüben, wirken die Sturmgeister aufreizend.

Der abgebildete Sturmgeist hat einen muskulösen behaarten Körper, Krallenfinger und raubvogelartige Sporen an den Fersen. Er fährt in wilder Lust dahin.
Die Sturmgeister haben trotz des zerstörerischen Wesens ihren Platz im göttlichen Plan. Sie beeinflussen das Naturgeschehen, da sie Schwingungen in der Luft auslösen, die sich mit erdmagnetischen Strömungen verbinden. Dadurch wird das Wachstum der Pflanzen angeregt und die Arbeit der Gnomen, Nixen und Sylphen unterstützt.

Aura eines Salamanders (6)

Die Feuergeister werden Salamander oder Vulkani genannt. Es gibt sie in den verschiedensten Arten. Manche gehen in großer Schnelligkeit unter der Erde von Ort zu Ort, immer auf der Suche nach Stellen, wo Feuer vorhanden ist. Andere haben einen festen Platz, wie zum Beispiel die Salamander in Verbrennungsmotoren. So hat jedes Auto seinen eigenen Feuergeist. Auch die Herde und Öfen in den Wohnhäusern haben meist einen bleibenden Bewohner. Ist der Motor abgestellt oder der Ofen erkaltet, so warten sie ruhend, bis sein Feuer wieder entzündet wird. Diese Feuergeister können bei guter freundlicher Behandlung eine Art Freundschaft zu ihren Menschen empfinden, wodurch sie in ihrer Entwicklung gefördert werden. Die Mehrzahl der Salamander ist den Menschen allerdings nicht freundlich gesinnt. Die Feuergeister halten sich gerne in der Nähe leidenschaftlicher und zorniger Menschen auf, die sie oft zum Legen eines Brandes zu beeinflussen versuchen.
Alle Salamander lieben es, sich an Stellen aufzuhalten, wo ein größeres Feuer brennt. Sie versuchen, es der Kontrolle der Menschen zu entziehen. Ist dies gelungen oder ist irgendwo ein unkontrolliertes Feuer entstanden, so eilen viele Feuergeister aus allen Richtungen herbei, um es immer stärker zu entfachen. Sie werfen sich johlend und schreiend in die Flammen und schießen in ihnen hin und her, wie Fische im Wasser. Dabei versuchen sie, das Feuer immer mehr zu verstärken und rufen neue Geschwister herbei. Setzen Löscharbeiten ein, werden sie noch wilder als zuvor. Wenn das Feuer erloschen ist, ziehen sie sich in die Erde zurück und suchen neue Plätze für ihre Tätigkeit.

In Vulkanen sind sie ständig vorhanden und spielen in der glühenden Lava. Bei Unwettern kämpfen die Salamander mit den Sturmgeistern und fahren hinter dem Blitz her, um ein Feuer zu entzünden. Auf Kriegsschauplätzen und bei Explosionen sind viele Feuergeister am Werk.

Die Körper der Salamander sind aus einem feineren ätherischen Stoff als die Körper von Sturmgeistern und Gnomen. Sie können ihre Gestalt leichter ändern als alle anderen Naturgeister und tun dies häufig. Es gibt auch weibliche Feuergeister. Manche Salamander nehmen etwas mißgebildete menschliche Gestalt an, andere tierähnliche Formen. Sie sind meist unbekleidet. Die höher entwickelten Feuergeister haben schönere Körper und kleiden sich in feuerfarbene Gewänder. Die Kleider der Führer und Führerinnen haben verschiedene helle Farben.

Die Aura der wenig entwickelten Salamander ist graugelb oder grauschwarz und hat einen schrillen Klang. Bei den höher entwickelten Feuergeistern ist die Aura blau, grün, grellgelb und rot. Sie klingt wie ein Brausen oder ein lang anhaltender Flötenton.

Der abgebildete Feuergeist hat Hörner und Krallenfüße. Der muskulöse Körper ist in ständiger Bewegung. Seine Aura gleicht einer sich unruhig bewegenden Flamme.

Alle Salamander, selbst die höher entwickelten, können in ihrer Umgebung Erregung auslösen, wie Begierden, Zorn und Ärger. Ruhige, besonnene Menschen üben einen positiven Einfluß auf sie aus.

Auren von Sucht-Elementalen (7)

Ein Sucht-Elemental entsteht so: Ein Mensch in seelischer Not, der es noch nicht ausreichend gelernt hat, Gottes Hilfe zu erbitten, wird von dämonischen Wesen dazu verleitet, zu einem Sucht-Mittel zu greifen, um seine Probleme zu verdecken. Da dies aber nur ein vorübergehendes Vergessen bringt, wird er sich das Mittel immer häufiger zu verschaffen versuchen, bis er süchtig ist. Seine Gedanken der Begierde erschaffen Gedankenformen, die durch die Wiederholung immer stärker werden. Sie können menschenähnliche oder tierische Formen haben, meist sind sie gemischt. Es sind seelenlose Wesen, denen jedoch

eine gewisse, auf die Erlangung des Sucht-Mittels gerichtete Intelligenz innewohnt. Wenn sie stark genug geworden sind, verselbständigen sie sich und bedrängen ihren Erzeuger oder andere ähnlich labile Menschen und treiben sie immer weiter in die Sucht hinein. Entwöhnt sich ein Süchtiger aus freiem Willen, so können sie sich wieder auflösen, sofern sie nicht inzwischen ein anderes Opfer gefunden haben, durch dessen Gedanken sie weiterleben.
Das vordere Elemental auf dem Bild hat teils menschliche, teils tierische Formen. Die undeutliche Aura zeigt das Grau der Angst und das Grün der falsch angewandten und dadurch dem Bösen dienenden Intelligenz. Bei dem mittleren Elemental, das die Form eines Insektes hat, ist die Aura ähnlich. Das letzte Elemental hat eine vorwiegend menschliche Form, und seine Aura zeigt das grau der Angst in verschiedenen Abstufungen.

Aura eines Dämons (8)
Ein Dämon ist ein Wesen, das aus der Kraft des Bösen lebt. Es gibt unpersönliche und persönliche Dämonen. Unpersönliche stellen die Macht des Bösen allgemein dar. Sie haben keine klare Gestalt und lösen sich früher oder später wieder auf, indem sie in das Dunkel zurückkehren, aus dem sie hervorgerufen wurden. Persönliche Dämonen werden von einem schwarzmagisch arbeitenden Menschen bewußt gestaltet, so wie er sie für seine Machenschaften benötigt. Er erzeugt sie entweder zu dem Zweck, ihm zu dienen oder um durch sie anderen Menschen Schaden zufügen zu können. Er verstärkt sie ständig durch weitere Konzentration und magische Riten, und es kann ihm geschehen, daß sie ihn eines Tages voll und ganz beherrschen und nach und nach körperlich und seelisch vernichten. Über sehr viele Leben hinweg halten sie die Verbindung zu ihm und verführen ihn immer wieder zu neuen schwarzmagischen Praktiken, bis er durch unendliche Leiden frei von ihnen wird.
Der abgebildete Dämon ist als weibliches Wesen gestaltet, dem vom Magier eine Wölfin beigesellt wurde. Er vampirisiert seine Opfer, entzieht ihnen also Lebenskraft, und versetzt sie in tödlichen Schrecken, was zu Kräfteverfall und Besessenheitszuständen führt. Die Aura zeigt vorwiegend die häßlichen Rottöne der unreinen Leidenschaften, das Grau der Angst und das Schwarz von Haß

und Bosheit. Menschen — auch Kinder — die von einem Dämon belästigt werden, tragen damit eine Schuld ab, sei es, weil sie in diesem Leben mit schwarzmagischen Praktiken in Berührung kamen, oder sei es, weil sie in früheren Existenzen solche Wesen erschaffen hatten, um andere Menschen zu schädigen. Es ist also niemals zufällig, wenn ein Mensch von einem solchen Schicksal betroffen wird. Erst wenn er ganz bewußt den Weg zu Gott zurückgefunden hat, wird er frei davon und unangreifbar gegenüber allen bösen Mächten.

Farbtafel 25
Aura der Devas

Devas sind "Leuchtende" oder Himmelswesen, den Engeln gleich, aber von einer anderen Entwicklung herkommend. Sie haben vor langer Zeit eine Laufbahn begonnen, die sie schließlich dazu führte, ein Deva zu werden. Auch Naturgeister und andere Wesen können zu Devas aufsteigen.
Die abgebildete Aura ist die eines Planetengeistes. Seine herrliche Aura ist riesengroß und erklingt in reinsten Harmonien. Die durch das Kreuz dargestellte Gestalt steht im Weiß des göttlichen Lichtes und ist umgeben von einer sonnenhaften Strahlung. In der harmonischen Gleichmäßigkeit der Aura kommt die hohe Vollendung dieses Wesens zum Ausdruck. Die Wellenlinien deuten das gleichmäßige Fließen des Lichtes an, die Sternchen das ständig sich erneuernde Aufleuchten.
Die Aura zeigt neben dem göttlichen Weiß die Gelbtönungen der Erkenntnis und das Rosa der Liebe. Die blauen Töne kommen aus höchster, ganz in Gott ruhender Gläubigkeit und vollem Vertrauen in Ihn. Der äußerste zart fliederfarbene Rand der Aura entsteht durch die Entsagung aus Liebe und höherer Erkenntnis.

Die Aura der Pflanzen

Schon seit Jahrhunderten versuchten Dichter, Philosophen und auch Wissenschaftler nachzuweisen, daß Pflanzen nicht nur eine Ansammlung lebender Zellen sind, sondern daß ihnen eine Kraft innewohnt, die sie veranlaßt, sich ihren Bedürfnissen entsprechend intelligent zu verhalten.

Jeder Mensch, der Pflanzen liebt, kann mit ihrem innersten Wesen in Verbindung kommen, wenn er sie liebevoll pflegt und freundlich mit ihnen spricht, in dem Bewußtsein, daß sie ihn verstehen. Die Siedlung Findhorn im Norden Schottlands ist der beste Beweis dafür, denn auf unfruchtbarem Boden entstand dort ein blühender Garten. Dies wurde erreicht durch Kommunikation der Menschen mit den pflanzenbetreuenden Naturgeistern und den Devas der verschiedenen Pflanzenarten. (7)

Die Pflanzen-Devas sind vollendete Pflanzenseelen. Der Entwicklungsweg der Monade geht in für uns unvorstellbar großen Zeiträumen vom Mineral über Pflanze und Tier zum Menschen. Auf jeder dieser Stufen ist jedoch die Möglichkeit einer Entwicklung gegeben, die nicht zur Menschwerdung führt, sondern an deren Ende ein Deva von wunderbarer Kraft und Schönheit steht, der den Geschwistern jener Gattung dient, aus der er hervorgegangen ist.

Alle Pflanzengattungen haben ihre Gruppenseelen, die einzelnen Sorten bilden Untergruppen. Jede Pflanze beherbergt ein geistiges Wesen, dessen irdisches Kleid die äußere Gestalt der Pflanze ist, die uns vor Augen steht. Wir wollen dieses Wesen Pflanzen-Seele nennen, obwohl die Bezeichnung nicht ganz richtig ist, weil eine Pflanze im allgemeinen nur Teilaspekte der menschlichen Seele besitzt.

Die Pflanzenseele ist keimhaft schon im Samen vorhanden und entfaltet sich mit dem Wachsen der Pflanze. Jede Blüte enthält ein 'Kind' dieser Seele, das seinerseits 'Kinder' hervorbringt, wenn die Samen zur Reife kommen. Stirbt die Pflanze ab oder wird sie zerstört, so kehrt die Pflanzenseele in ihre Gruppe

(7) Vgl. zu diesem Thema: Dorothy Maclean "Du kannst mit Engeln sprechen", Forstinning 1983

zurück, von der sie aufgenommen wird wie ein Wassertropfen vom Ozean. Wie dieser alles aufnimmt, was der Tropfen mit sich bringt, so bringt die Pflanzenseele alle im irdischen Leben gesammelten Erfahrungen in die Gruppenseele ein. Dieser hochstehende Deva, der auch die 'Mutter' seiner Art genannt wird, verarbeitet das Aufgenommene zusammen mit einem mehr männlich erscheinenden Deva dieser Art zum Wohle aller seiner Kinder.
Es gibt jedoch auch im Pflanzenreich einen Weg der Individualisierung, den einzelne weit entwickelte Pflanzenseelen gehen. Sie streben nicht die Menschwerdung an, sondern eine Höherentwicklung im Reich der Pflanzen. Ist die Individualisierung vollzogen, so wird aus der Pflanzenseele ein Pflanzen-Deva.

Nach einer Schulung in der geistigen Welt wird er, falls er zum Beispiel den Rosen entstammt, zunächst alle Rosen eines Gartens zu betreuen haben. Entwickelt er sich weiter, betreut er die Rosen einer bestimmten Gegend und schließlich eines ganzen Landes. Bei weiterem Aufstieg kann er ein Deva einer bestimmten Rosensorte werden und schließlich ein Deva aller Rosen. Es gibt jedoch auch andere Aufgaben, zum Beispiel die Weiterentwicklung der Rosen, die von solchen aufsteigenden Devas wahrgenommen werden.
Die Devas der einzelnen Pflanzenarten haben wohl einen hohen Stand der Vollkommenheit und Ausgeglichenheit erreicht, aber trotzdem hat jeder Deva eine der geistigen Tugenden ganz besonders stark entwickelt, der Veilchen-Deva zum Beispiel die Gläubigkeit, der Vergißmeinnicht-Deva die Liebe, usw. Diese Tugend überträgt er allen Pflanzenseelen seiner Art, damit sie im irdischen Kleid erprobt und gesteigert werden kann, was wiederum die Kraft und Schönheit ihres Devas erhöht.
Die Farbtöne der Aura einer Pflanze zeigen an, welche der geistigen Tugenden von den Devas dieser Art entwickelt wurden. Bei Krankheiten der Pflanze, bei ungünstigem Standort oder bei schlechter Behandlung durch Menschen verändern sich die erst harmonischen Farben unharmonisch, und es entstehen Eintrübungen.

Farbtafel 26
Aura eines Veilchens

Das Bild zeigt eine Pflanze mit gutem Standort. Wären die Bedingungen schlecht, so wäre die Aura häßlich graublau mit grauschwarzen Eintrübungen, und anstelle der Sternchen sähe man unregelmäßige rote Flecken. So aber zeigt sich Schönheit und Harmonie.
Nicht umsonst ist das Veilchen die Blume der Bescheidenheit und Demut, denn die 'Seele des Veilchens' ist Gott geöffnet und ruht anbetend zu seinen Füßen. Das Himmelblau der Aura weist auf die innige Verbindung des Veilchen-Wesens mit Gott, das zarte Rosa deutet die höchste Liebe an. Die Sternchen symbolisieren das sprühende Lebensfeuer, und die auf- und absteigenden rosa und blauen Lichtkügelchen verdeutlichen den Austausch zwischen Himmel und Erde.

Farbtafel 27
Aura eines Vergißmeinnichts

Nicht von ungefähr hat das "Vergiß-mein-nicht" seinen Namen, denn es ist ein Liebesbote und Mahner zur Liebe, in der es lebt; deshalb hat es eine so schöne rosa Aura. Die abgebildete Pflanze gedeiht unter guten Bedingungen. Andernfalls wäre die Aura von schmutzigem Graurosa, mit schwefelgelben, giftgrünen, dunkelblauen und braunen Flecken durchsetzt.
Die Aura auf dem Bild ist harmonisch. Die Sternchen sind das Lebensfeuer, die weißen Lichtkugeln geformtes göttliches Licht. Die rosa und grünen Lichtkugeln steigen auf und ab und tauschen die Kräfte des Himmels und der Erde aus, denen das Vergißmeinnicht seine Lebensenergien entnimmt.

Farbtafel 28
Aura eines Löwenzahns

Der Löwenzahn hat die Aufgabe, Sonnenkräfte in sich aufzunehmen und sie gewandelt wieder abzugeben, und zwar sowohl an die Umgebung seines Standortes, wie auch an Menschen und Tiere, denen er zur Nahrung dient. In den Blüten sind die Sonnenkräfte am reinsten gespeichert. In den Blättern sind sie zur Hälfte gemischt mit Erdkräften, und in der Wurzel besitzen die Erdkräfte nur eine leichte, aber wichtige Beimischung der Sonnenkräfte.
Die abgebildete Pflanze wächst an einem guten Standort und unter guten Bedingungen. Wären sie schlecht, so strahlten die Zacken unregelmäßig, die Aura schimmerte grau-orange, und es würden spitze schwarze, grellrosa und giftgrüne Pfeile ungeordnet in der Aura umherschießen.
Hier jedoch ist die Aura hell und harmonisch. Durch die lange Wurzel reicht sie tief in die Erde. Die Aura wiederholt in ihren Flammenzacken Formen der Blätter und in ihrem Aufbau die Form der Blüte. Sie ist zugleich ein Bild der Sonne. In den Lichtzacken sieht man viele ruhig brennende Flämmchen. Die orange Farbe zeigt die Freudigkeit, welche die Seele der Pflanze durch die Verbindung mit den Sonnenkräften erfüllt. Die lebhaft auf- und absteigenden bunten Kügelchen tauschen die Kräfte von Sonne und Erde. Die über die Aura hinausreichenden grüngelben Kugeln und blauen Flämmchen sind geistige Kräfte der Pflanze, welche ihre aufsteigenden Samen begleiten.

Farbtafel 29
Aura eines Heckenrosenzweiges

Der Deva aller Rosen ist ein hochentwickeltes Wesen von unvorstellbarer Güte und Schönheit. Er strahlt Liebe in reinster Form aus. Die Devas der einzelnen Rosensorten tragen Teilaspekte seiner Ganzheit in sich, sind in sich aber auch wieder ein harmonisches Ganzes.

Die Heckenrose ist eine glückliche Mischung von Kräften des Himmels und der Erde. Sie nimmt Lichtkräfte in sich auf, die sich im Irdischen als Kranz goldener Staubgefäße zeigen. In Blättern und Blüten sind Himmels- und Erdkräfte gemischt, in den Blütenblättern ist der Himmelsanteil etwas höher als in den grünen Blättern.
Die Heckenrose zieht Lichtkräfte auf die Erde, welche in einer durch sie gewandelten Form Menschen und Tieren zugute kommen.
Der abgebildete Rosenzweig stammt von einem Strauch, der unter guten Bedingungen wächst. Bei schlechten Bedingungen wäre das Goldgelb der Aura ein häßliches, schmutzig-grünes Gelb.
Jede Knospe und Blüte der Heckenrose hat ihre eigene Aura. Alle haben den weißen Kern göttlichen Lichtes mit einem Strahlenkranz aus den Gelbtönen der Erkenntnis. Die Aura des Zweiges ist eine Mischung aus dem Rosa der Liebe und jenem Gelb der Erkenntnis. Die Sternchen und die gekreuzt schwingenden weiß-blauen Doppelringe sind geformte Himmelskräfte unterschiedlicher Art. Die zwei Sonnenradformen, umgeben von der Blütenform der Heckenrose, bedeuten Sonnenkräfte. Die verschiedenfarbigen spitzen Lichtformen sind Zeichen des Kräfteaustausches. Durch die gesammelten Licht- und Sonnenkräfte, die von der Pflanze gewandelt und mit einem Anteil von Erdkräften gemischt werden, sind die Rosenblätter und die Hagebutten so heilsam. Menschen, die sich ihrer bedienen, nehmen zugleich etwas von der Kraft und Schönheit des Rosen-Devas in sich auf.

Farbtafel 30
Auren verschiedener Bäume

Bäume sind diejenigen Geschöpfe Gottes im Pflanzenreich, die den Menschen am nächsten stehen. Es gibt wenige Menschen, die keine Bäume mögen — und wenige Bäume, die keine Menschen mögen. Ist dies letztere der Fall, so hat der junge Baum schlechte Erfahrungen mit Menschen gemacht und fürchtet sich nun vor ihnen. Bäume haben eine für das Pflanzenreich weit entwickelte Seele. Einige haben schon eine Einzelseele, einige andere bereiten sich darauf vor. Die Gruppenseelen der verschiedenen Baum-Arten sind unterteilt in größere oder kleinere Untergruppen, so daß manche Bäume sich mit nur wenigen Geschwistern in eine Gruppenseele teilen. Sie sind schon fast wie Einzelseelen. Die Seelen uralter, einzeln stehender Bäume sind bereits individualisiert. Die Auren aller Bäume derselben Art sind zwar ähnlich, aber doch weist jeder Baum individuelle Unterschiede auf.

Aura einer Eiche

Die Eiche ist ein Baum der Kraft und Beständigkeit. Den alten indo-germanischen Völkern galt sie als heiliger Baum. Die Aura einer Eiche mit gutem Standort zeigt neben dem Gelb der Erkenntnis und dem Rosa der Liebe viele Blau-Tönungen der Verbindung mit Gott.

Die orangen Pünktchen, welche — im göttlichen Weiß der inneren Aura — die Zweige des Baumes umgeben, sind die odische Ausstrahlung. Bei den abgestorbenen Ästen ist sie nicht vorhanden, und dort, wo der linke kahle Ast noch einige Blätter hat, ist sie blasser als bei den gesunden Zweigen.

Hätte die Eiche schlechte Bedingungen, so wären die ursprünglichen Farben ihrer Aura eingetrübt, hätten Beimischungen anderer, nicht harmonisierender Farben und es befänden sich schwarzgrüne wolkige Gebilde, sowie grellrote und giftgrüne spitze Formen darin. So aber ist die Aura strahlend und harmonisch und erklingt in einem Akkord weicher, dunkler Töne, ähnlich dem Brausen eines Bienenschwarms. Jeder empfängliche Mensch, der in den Umkreis solch einer Eiche tritt oder gar ihren Stamm berührt, wird die majestätische Kraft und Stärke empfinden.

Aura einer Kiefer

Die Kiefer gilt sowohl als Symbol der Unsterblichkeit, wie auch einer starken Lebenskraft und einer Persönlichkeit, die alle Schwierigkeiten des Lebens meistert. Die Kiefern-Devas haben starke Kräfte der Erkenntnis erworben, welche Liebeskraft nach sich ziehen. Die Aura der Kiefer zeigt deshalb göttliches

Weiß, Gelb und Rosa. Die orange-roten Pünktchen um die Zweige herum sind ihre odische Aura.
Der Baum ist gesund, sonst wäre die Strahlung matt und bräunlich-rot. Das Gelb der Aura wäre teils bräunlich eingetrübt, teils giftig-gelb, das Rosa blaß ziegelrot. Es gäbe graue Wolken darin, sowie grellrote und gelbgrüne Blitze, dazu rundlich-knollige dunkelblaue Gebilde, die sich rasch veränderten. Bei der abgebildeten Kiefer ist die Aura hell und harmonisch. Ihr Haupt-Klang ist zwischen den zwei Tönen einer Quint auf- und abschwellend, wobei der tiefe Ton länger anhält als der hohe. Es schwingen aber noch viele vibrierende Nebentöne mit.

Auren von Fichten

Die Fichte ist — wie die Tanne — wegen ihrer immergrünen Nadeln ein Symbol ewigen Lebens, deshalb werden auch beide als Weihnachtsbaum verwendet.
Die Devas der Fichten haben starke Erkenntniskräfte entwickelt, deren Gelb sich in der Aura der jungen Fichten mit dem Rosa der Liebe vermischt. Die Blau-Tönungen der Gottesnähe vermischen sich am oberen Rand ebenfalls mit Rosa, wodurch schon fast der Farbton des Entsagens aus Liebe entsteht. Die rötlichen Punkte, die man im weißen Aura-Kern über den Zweigen sieht, sind die odische Aura.
Wären die äußeren Bedingungen schlecht, so verwandelte sich die Ausstrahlung in blasses Rostbraun. Das Gelb änderte sich in Hellbraun, das Blau zeigte sich mit Dunkelgrau vermischt, und das Rosa-Lila als häßlich grelles rötliches Rosa mit stabartigen grauen Formen. Zudem könnte man schwarze Dreiecke, grellrote Spiralen und giftgrüne Pfeile in der Aura erkennen.
Die Fichtenschonung wächst gut heran und hat eine harmonische Aura, in der hellere und dunklere Töne, flirrend auf- und absteigend, zu vernehmen sind.

Auren von Lärchen

Die Lärche gilt mancherorts, wie z.B. in Sibirien, als Symbol des Lebensbaumes, von dem Sonne und Mond als goldene und silberne Vögel auf- und ab-

fliegen. Die Lärchen-Devas haben Erkenntniskräfte mit Verstandeskräften gemischt, wodurch in der Aura ein zartes Zitronengelb entsteht. Der Kern der Aura zeigt neben göttlichem Weiß ein helles Rosa der Liebe. Den Rand der Aura bilden die Blau-Töne der Gottesnähe.
Bei schlechten äußeren Bedingungen wäre die odische Aura schmutzig-gelb, das Zitronengelb der Aura würde schwefelgelb, das Rosa braun eingetrübt und das Blau schwärzlich. Sie wiese außerdem eckige schwarze Formen und grellrote Flecken auf, und giftgrüne Pfeile würden darin umherschießen.
Die Aura der beiden abgebildeten jungen Lärchen ist schön und hell, und man kann in ihr die an- und abschwellenden Töne eines Dreiklangs hören.
Der rosa-weiße Schimmer um die Steine ist eine Andeutung ihrer Aura. Bei der Eiche und der Kiefer sieht man die unter der Erde emsig hin und her eilenden Gnomen. Sie führen den Wurzeln Erdkräfte und geistige Wachstumskräfte zu. In der Luft schweben Sylphen in leuchtenden rosa-weißen Auren. Über ihren Häuptern strahlen ihre Sterne.

Anm.: *„Eine Blume ist das Lächeln Gottes. Ihr Duft zeigt seine verborgene Gegenwart."*

— Yogananda —

Auren der Tiere

Seit undenklichen Zeiten ist der Mensch umgeben von Tieren der verschiedensten Art. Viele leben in seiner Obhut und sind vollkommen abhängig von ihm, denn sie sind sein Eigentum und nach dem Gesetz keine Lebenwesen, sondern eine Sache. Bedenkenlos entledigt er sich ihrer, oft nach Jahren gemeinsamen Lebens, indem er sie verkauft, aussetzt oder tötet, — ohne Bewußtsein, damit ein Unrecht zu begehen. Es werden angeblich medizinisch notwendige Versuche an Tieren, in unvorstellbarer Menge, 'zum Wohle des Menschen' gemacht, um ihre Verhaltensweisen oder Instinkte zu erforschen, die so entsetzlich und qualvoll sind, daß der geistig erwachende Mensch ohne viel Mühe die Kräfte des Bösen dahinter erkennt. Der wissenschaftsgläubige Laie läßt sich Sand in die Augen streuen und nimmt dieses Unrecht widerspruchslos hin. Wohl gibt es in der heutigen Zeit schon einige fortschrittliche Verhaltensforscher, die versuchen, sich durch Beobachtungen in das Wesen der Tiere einzufühlen, zum Beispiel durch ein jahrelanges enges Zusammenleben mit ihnen in der freien Natur und den Versuch einer sprachlichen Kommunikation. Dadurch kommen sie zu Erkenntnissen, die dem Tier besser gerecht werden. Aber auch sie beurteilen Tiere meist nur nach ihrem äußeren Verhalten. Dabei ist der Weg, ein Tier oder jedes andere Geschöpf richtig zu verstehen, so einfach: Es ist der Weg der Liebe, die in jedem Geschöpf einen Teil Gottes sieht. Er allein führt den Menschen zur wahren Erkenntnis, daß er umgeben ist von jüngeren Geschwistern aller möglichen Art, die — ähnlich wie er — fähig sind zu leiden, zu lernen, zu denken, sich mitzuteilen und Liebe und Dankbarkeit auf viel unmittelbarere Art zu zeigen, als es ihm selbst — noch in Schuld und Sühne verstrickt — möglich ist.

Je tiefer der Mensch die Tiere und die ganze belebte und beseelte Gotteswelt liebt, desto mehr dringt er ein in ihre Geheimnisse. Er sieht sich als einen Teil von ihr und fühlt sich eins mit allem, was gleichen Ursprungs ist. Seine geistigen Augen öffnen sich, und seine Liebe wird immer vollkommener, selbstloser und reiner, bis er wieder zu einem Ebenbild Gottes geworden ist, als das ihn Gott einst schuf.

Die niedrigeren Tierarten haben eine Gruppenseele, ähnlich den Pflanzen. Bei den höher entwickelten Tieren sind es keine Gruppenseelen, sondern Seelengruppen. Es gibt bei ihnen verschieden weit individualisierte Seelen. Die wenig entwickelten sind in großen Gruppen zusammengeschlossen, die weit entwikkelten in kleinen Gruppen von nur wenigen Tieren. Jeder Gruppe steht ein Deva vor, der sich aus dieser Tierart entwickelt hat.

Die nahezu individualisierten Tierseelen haben ein gewisses Maß an freiem Willen, wenn auch bei weitem nicht vergleichbar mit den Menschenseelen. Durch Versuch und Irrtum lernend, gehen sie durch eine endlos lange Reihe

von Inkarnationen den Weg der Vervollkommnung. Eines sehr fernen Tages wird der Zeitpunkt gekommen sein, wo unsere heutigen Brüder aus dem Tierreich von Gott eine Geist-Seele verliehen bekommen und Mensch werden. Dort müssen sie wieder auf der untersten Stufe anfangen und sich allmählich vom unentwickelten zum vollkommenen Menschen emporarbeiten.
Die andere Gruppe geht weiterhin den Weg der Einkörperung. So wird zum Beispiel ein Hunde-Deva dieser Gruppe wiederum in einem Hund inkarniert, der sich äußerlich von einem gewöhnlichen Hund nicht unterscheidet. Solche Hunde sind Kindern als geistige Beschützer oder Führer beigegeben oder sie leben bei einem geistig erwachten Menschen, der bewußt oder unbewußt mit ihnen zusammen an geistigen Aufgaben arbeitet. Zugleich arbeitet dieser Deva aber auch für seine eigene Gattung.
Bei den Vögeln ist es ähnlich. Jede Vogelart hat eine Gruppenseele, aber auch schon eine größere Anzahl Einzeltierseelen. Die geistige Entwicklung der Vögel führt nicht zur Menschwerdung. Vogel-Devas, die sich aus vervollkommneten Einzeltierseelen bilden, nehmen zunächst Aufgaben für ihre eigene Art wahr, können bei weiterer Entwicklung Helfer für alle fliegenden Tiere sein und schließlich auch für geistige Aufgaben eingesetzt werden.
Der Gesang der Vögel hat nur äußerlich den Zweck ihr Revier abzugrenzen. Geistig setzt er eine besondere Kraft frei, welche alle Lebewesen positiv beeinflußt, die Ohren haben, den Gesang zu hören oder Gefühl, um seine Schwingung aufzunehmen.
Die Aura der Tiere zeigt in ihren Farben entweder die Eigenschaften, die der Deva dieser Art entwickelt hat und durch dieses Tier im irdischen Kleid erproben läßt oder die Eigenschaften der betreffenden individualisierten Tierseele.

Die Farben haben bei den Tieren eine ähnliche Bedeutung wie bei den Menschen. Die Grün-Töne bedeuten auch hier Intelligenz und Anpassung. Rosa und Rot-Töne zeigen auch beim Tier Liebe und Leidenschaft, nur daß die Leidenschaft einen anderen Stellenwert hat, weil sie teilweise artbedingt ist, zum Beispiel beim Raubtier. Das Blau der Gläubigkeit und der Gottesnähe ist beim Tier ein stilles In-sich-Ruhen, eine Zufriedenheit mit den gegebenen Umstän-

den. Ein verhaltensgestörtes oder gequältes Tier, das unglücklich ist in den Verhältnissen, unter denen es lebt, hat ein getrübtes Blau. Das Gelb der Erkenntnis bedeutet beim Tier, daß es auf seinem Weg des Lernens durch Versuch und Irrtum schon gute Fortschritte gemacht hat. Das Rot-Violett des dogmatischen Glaubens ist beim Tier eine gewisse Einschränkung der Gottesnähe, die durch das Ausleben seiner artbedingten Triebe entsteht. Die Fliederfarbe des Entsagens aus Liebe tritt dann in Erscheinung, wenn ein Tier aus Liebe gegen seine Instinkte handelt. Das göttliche Weiß bedeutet, daß ein Tier über seinen Deva oder Gruppenführer einen Zugang zum Lichte Gottes hat. Werden die menschlichen Bedeutungen so auf die Gegebenheiten des Tieres abgewandelt, dann stimmen die Farben weitgehend überein.
Hunde und Katzen sind die beiden Tierarten, die das Leben des Menschen am häufigsten teilen, an denen er dadurch am meisten schuldig wird, die ihm aber auch besonders nahe stehen können.

Farbtafel 31
Aura einer Katze

Die Katze schnurrt. Ihre Aura ist erfüllt von der Liebe zu ihrem menschlichen Freund, dem sie sich voll zuwendet. Es ist ein gut gehaltenes, gesundes Tier. Seine odische Aura, als grüne Strahlung entlang des physischen Körpers sichtbar, ist gleichmäßig und kräftig. In der Kopf-Aura erkennt man einfache Gedankenformen. Die grüne Wellenlienie über dem Kopf und die rosa Wellenlinie entstehen durch das Schnurren. Das grüne Zackenkrönchen zeigt, daß diese Katze ein höher entwickeltes Tier ist, das schon Tugendkräfte in sich aufgebaut hat. Die kleine weiß-orange Form über der Kopfmitte weist aus, daß dieses Tier schon eine Einzelseele besitzt. Daraus ergeben sich die Gelbtönungen der Erkenntnis und das Weiß des Gotteslichtes. Das Rosa der Aura hat nicht überall die Tönungen der reinen Liebe, sondern es ist stellenweise vermischt mit Leidenschaft, wie dies bei einem Raubtier nicht anders der Fall sein kann. Die

schöne hellgrüne Strahlung entsteht durch die für ein Tier recht gut entwickelten Verstandeskräfte. Das zarte Hellblau des Ruhens in Gott kommt aus dieser Klugheit und Anpassungsfähigkeit. Der Übergang ergibt ein zartes Türkis. Der in den oberen Ecken nur angedeutete Rand der Aura zeigt das schöne Blau des Vertrauens in Gott. Die weißen Punkte sind auf- und abschwebende Kügelchen aus kristallisiertem Gotteslicht; sie vermitteln der Katze die Verbindung mit höheren Wesen. Die Aura der schnurrenden Katze erklingt in harmonisch vibrierenden höheren und tieferen Tönen.
Bei einer jagenden Katze verändert sich die Aura stark. Ihre Form ist nicht mehr rund, sie flacht ab und bekommt in der Jagdrichtung, d. h. nach vorne, eine Spitze. Im hinteren Teil behält sie keine geschlossene Form mehr. Die Farben werden beherrscht von den Rot-Tönungen der Leidenschaft.
Bei einem mißhandelten Tier dämpft das Grau der Angst alle anderen Farben ab. Es zeigen sich Flecken in Grauschwarz und grellen, disharmonischen Farben.
Katzen, die höher entwickelt sind als das abgebildete Tier, besitzen eine noch weitaus schönere Aura, die in den herrlichsten Farben erstrahlt.

Farbtafel 32
Aura von zwei Pferden

Die Auren der Pferde lassen gut gehaltene Tiere erkennen, deshalb leuchten ihre Farben hell und klar. Bei schlecht behandelten Tieren zeigt sich Grau und Schwarz in der Aura, die eine häßliche rötlich-lila Tönung annimmt. Rund um den Körper des Pferdes bilden sich schlierige, giftgrüne und rote Formen. Bei einem mißhandelten Pferd ist Schwarz und häßliches Grün vorherrschend, vermischt mit den roten Blitzen des Zornes.
Die Aura der abgebildeten Pferde enthält die verschiedenen Blautönungen des Ruhens in und des Vertrauens auf Gott. Das helle Grün unter den Hufen der Tiere zeigt ihre Intelligenz an, die im Ruhezustand noch deutlicher zum Aus-

druck käme. Hier tritt das Rosa der Liebe zwischen Stute und Fohlen und die sprühende Lebensfreude deutlich in den Vordergrund. Durch das Herumtollen werden Lebenskräfte frei, die sich in zartfarbig-bunten Feuergarben in den oberen Teil der Aura entladen. Das Weiß des Gotteslichtes und das zarte Gelb der Erkenntnis umgibt den Kopf der Stute, in geringerem Maße auch den des Fohlens. In beiden Auren erscheinen zarte Pflanzen- und Blumengebilde. Sie symbolisieren die urtümlichen Kräfte der Pferde.
In den Auren ertönen Laute wie das Klingen heller Glocken, beim Fohlen vermischt mit jauchzenden Tönen.

Farbtafel 33
Aura eines Fuchses

Der Fuchs ist in seiner natürlichen Umgebung gemalt. Durch die Aura hindurch sieht man die Steine und Grasbüschel an seinem Weg.
Die Aura ist als liegendes Oval wiedergegeben. Die Gestalt dieses Fuchses ist von einem leicht getrübten Rosa umgeben, das sich in der Kopf-Aura und in einem der Randstreifen wiederholt. Liebe ist auch bei diesem Tier vorhanden, doch mit kreatürlichem Egoismus vermischt. Die Kopf-Aura besteht aus einem weißlichen Kern, mit Rosa und Grün umgeben. Es ist etwas göttliche Einstrahlung vorhanden und ein gutes Maß an Klugheit und Schläue; dies weisen die vielfältigen Gedankenformen aus. Die ihm vorauseilenden Pfeile sind auf das Erlegen von Beute gerichtete Gedanken. Das zarte Blau des inneren Ringes der Aura zeigt, daß auch die Seele dieses Tieres in Gott ruht. Das bläuliche Grün entsteht durch eine Verbindung von Intelligenz und ererbten Verhaltensmustern. Der Fuchs ist stark in seine Instinkte eingebunden.
Beim jagenden Fuchs ist die Aura erfüllt von den Rot-Tönungen der Leidenschaft, in die sich das helle Braun des natürlichen Egoismus mischt. Auf und ab tanzende grellgrüne und blauschwarze Funken deuten die Erregung des Tieres an.

Durch die Tollwut ist der als "Waldpolizist" so wertvolle Fuchs sehr in Mißkredit geraten und wird erbarmungslos verfolgt. Die Tollwut konnte sich so stark ausbreiten, weil durch den Kunstdünger diejenigen Kräuter dezimiert wurden, die das Wild, wenn es sie aufnimmt, vor Ansteckung schützen. Käme die Natur wieder ins Gleichgewicht, würde auch die Tollwut nachlassen. Inzwischen wäre es gut, die teilweise schon erprobte Immunisierung der Jungfüchse weiter zu vervollkommnen, um den für die Lebensgemeinschaft des Waldes so wertvollen Fuchs vor der Ausrottung zu bewahren.
Der gejagte Fuchs hat eine grau überdeckte Aura, die von schwarzen, rasch dahineilenden Zackenlinien durchzogen wird. Ringförmige rote und dunkelblaue Gebilde umkreisen den Fuchs, dessen Aura in schrillen Schreckenslauten ertönt.
Ist der Fuchs, in guter Verfassung, auf einem Pirschgang, so erklingt in seiner Aura ein auf- und abschwellendes Summen, unterbrochen von hellen Klängen wie Flötentöne.

Farbtafel 34
Aura einer Rehmutter mit Kitzen

Die Ricke steht mit ihren Jungen auf einer Waldwiese. Deutlich sieht man die odische Ausstrahlung in zartrosa Farbe, die über dem Kopf des Muttertieres besonders kräftig leuchtet. Die Aura ist kreisrund und ziemlich groß, weil das liebevolle Zusammenspiel der geistigen Kräfte von Mutter und Kindern eine starke Strahlung freisetzt. Das Grün der Intelligenz stellt sich in Form von Gräsern und Blumen dar. Der obere Teil der inneren Aura ist erfüllt vom Gelb der Erkenntnis. Der Strahlenkranz in verschiedenen Rosatönen entsteht durch die Liebe zwischen der Ricke und ihren Kitzen. Die grünen und blauen Tönungen am äußeren Rand zeigen Klugheit und Gottvertrauen.
Bei gejagten Rehen werden die Konturen der Aura undeutlich. Die runde Form wird flacher und erhält vorn eine gezackte Spitze. Sie nimmt ein bläuliches Rot

um den Körper des Rehes herum an, das nach außen hin in ein bräunliches Orange-Rot übergeht. Graue Schleier der Angst überziehen stellenweise die Aura. Eckige Formen in grellem Rot und Grün springen auf, begleitet von schrillen Tönen.
Das ruhende Reh ist von einer kaum bewegten zart-lila Aura umgeben.
Die Aura der abgebildeten Rehe erklingt in einem angenehm an- und abschwellenden Ton, begleitet von Kaskaden heller Töne, wie Flöten- und Glöckchenklang.

Farbtafel 35
Aura eines Elefanten

Der Elefant ist in seiner natürlichen Umgebung gemalt; im Hintergrund sieht man indische Tempel. Die Aura des linken Tempels wiederholt die Form seiner Kuppeln. Die blühende Pflanze rechts unten ist von einer rosa-weißen Aura umgeben. Es sind Blüten, die das göttliche Licht empfangen und ausstrahlen. Die Aura der Palme zeigt Rosa, Blau und Weiß. Sie hat eine Baum-Seele, die schon sehr weit entwickelt ist, Liebe schenkt, Gotteslicht empfängt und gläubig in Gott ruht.
Die Aura des Elefanten ist sehr hell und durchsichtig. Sie enthält das Gelb der Erkenntnis, die Rosa-Tönungen der Liebe, das Blau des Ruhens in Gott und göttliches Weiß. Die Kopf-Aura ist hoch und oval mit viel Weiß und Gelb. Das goldene Flämmchen weist auf die Individualisierung dieses Tieres hin. Im oberen Teil der Aura zeigen sich beim Elefanten mehr und differenziertere Gedankenformen als bei anderen Tieren. Der Kristall in der Mitte ist ein Symbol der Reinheit und Klarheit und beweist, daß es sich um ein geistig sehr weit entwikkeltes Tier handelt.
Die Aura eines arbeitenden Elefanten sieht etwas anders aus. Bei einem gut gehaltenen Tier hat sie das tiefe Blau des Vertrauens in Gott. Bei weniger guter Behandlung wird diese Farbe unterbrochen von häßlichen blauroten Flecken.

Wird der Elefant mißhandelt, so überzieht das Grau der Angst die ganze Aura. Es zeigen sich schwarze und blaugrüne Flecken, sowie rote Blitze des Zornes.

Die Aura des abgebildeten Elefanten erklingt in Tönen, die einem kräftigen Hornton ähneln, mit einer Hintergrund-Musik von überaus melodischen Sphärenklängen.

Farbtafel 36
Auren von Falken und Wildente

Falken sind geistig weit entwickelte Vögel. Der Falke im Vordergrund des Bildes überblickt in Ruhe sein Revier. Er ist ein fortgeschrittener Vertreter seiner Art. Der Kern seiner großen Aura erstrahlt im Gelb der Erkenntnis, jenem Klugsein, das aus der Verbindung mit Gott erwächst. Trotzdem ist das Blau des gläubigen Vertrauens in Gott etwas getrübt und grünlich getönt durch den Verstand, der das Vertrauen auf die eigene Kraft in den Vordergrund stellt. Die Verstandeskräfte sind für ein Tier recht groß, wie der breite grüne Ring ausweist. Er wird von roten Strahlen der Leidenschaft unterbrochen. Die Liebeskräfte dieses Tieres sind noch wenig entwickelt. Sie zeigen sich am äußeren Rand der Aura, das Rosa ist mit Grau vermischt.
Der andere Falke ist im Begriff, auf die fliegende Ente herabzustoßen. Seine Aura ist völlig von den Rot-Tönungen der Leidenschaft beherrscht. Die grünroten Pfeile sind Gedankenformen. Seine Gedanken sind ganz auf das Erjagen und Töten der Beute gerichtet. In der Aura der Wildente sind alle Farben vom Grau der Angst überdeckt. Nur die Kopf-Aura enthält noch ein wenig Weiß. Dieses Bild zeigt deutlich die Veränderung der Aura von Tieren in verschiedenen Situationen.

Farbtafel 37

Auren von Vögeln und Bäumen

Das Bild zeigt eine Elster, die versucht hat, die jungen Raben aus dem Nest zu holen. Sie wird jedoch daran gehindert durch einen der Altvögel, der noch rechtzeitig herbeieilt. Der Zorn der Elster richtet sich nun auf ihn. Die aggressiven Gedanken bilden die Form von roten Pfeilen. Die über dem Kopf rhythmisch angeordneten grünen Gedankenformen rühren daher, daß die Elster überlegt, wie sie trotzdem an die Jungen herankommen könnte. In ihrer Aura sind unreine Rot-Töne der Leidenschaft. Das Blaugrün zeigt, daß die Elster einem festgelegten Verhaltensmuster ihrer Art folgt. In der Aura der jungen Raben ist das Grau der Angst vorherrschend. Der Altvogel ist ein geistig weit entwickeltes Tier, was an der runden grün-weißen Form über seinem Kopf zu sehen ist. Der Kern der Aura zeigt das Gelb der Erkenntnis, vermischt mit etwas Rosa der Liebe. Über dem Kopf sieht man ein paar Gedankenformen. Das Grün des inneren Kreises weist die Klugheit dieses Raben aus, das Blaugrün des äußeren Kreises kommt durch das Gebundensein an seine Instinkte. Im Hintergrund fliegt der zweite Altvogel mit Futter im Schnabel. Seine Aura zeigt ähnliche Farbtönungen, mit gleicher Bedeutung, jedoch in anderer Anordnung.

Die Aura der abgebildeten Eiche weist weniger Rosa, aber noch mehr Blau auf als die Aura der Eiche auf Farbtafel 30. Die lila-graue odische Ausstrahlung des Stammes ist so stark, weil die Kräfte der Erde in ihm emporsteigen zu den sich entwickelnden Blättern.

Die Birke mit ihrem weißen Stamm gilt als Symbol der Reinheit und Jungfräulichkeit. Die Birken-Devas haben die Kräfte der Liebe besonders stark entwikkelt, deshalb enthält ihre Aura so viel Rosa. Der Kern der Aura ist weiß und gelb. Die odische Ausstrahlung, die hier nicht gemalt ist, wäre rosa-orange und hell goldgelb. Die bräunliche Beimischung des Rosa hat in diesem Fall keine negative Bedeutung. Die darüber folgende weiß-rosa Strahlung ist so intensiv, daß sie das darunter befindliche Rosa dunkel erscheinen läßt. Das außerordentlich herrliche Leuchten dieser Strahlung ist künstlerisch nur anzudeuten.

Über dem Rosa befinden sich noch Blau-Töne der Gottesnähe.
Der helle Schimmer um die Felsen ist ihre odische Aura. Auch die Berge haben eine Aura. Da im Gebirge die Natur noch am reinsten ist, umhüllt alle dort beheimateten Lebewesen eine besonders schöne Strahlung. Zudem werden die Berge von hochentwickelten Naturgeistern bewohnt. Dies alles zusammen ergibt den lieblichen Schimmer über den Bergen.
Der Vogelzug zeigt eine Gesamt-Aura von strahlender Schönheit. Rechts oben schweben zwei Luftgeister mit rosiger Aura.

Farbtafel 38
Aura einer Rabenmutter

Die Rabenmutter bringt Futter für die Jungvögel. Der Kern ihrer Aura leuchtet in den Rosa-Tönungen der Liebe. Die schönen weißgelben und rosa Formen und die kronenartige Strahlung über dem Kopf des Vogels weisen ein geistig weit entwickeltes Tier aus. Die Zuwendung zu den Jungen im Augenblick vor der Fütterung läßt seine besten Kräfte aufleuchten. Das göttliche Weiß mischt sich mit dem Gelb der Erkenntnis und dem Rosa der Liebe. Das Blaugrün des Instinktes ist hier sehr zart und verbindet sich harmonisch mit den anderen Farben. Die hellen Blautöne zeigen das vertrauensvolle Ruhen dieser Vogelseele in Gott. Der fliederfarbene Rand der Aura, der nach außen hin nochmals eine rosa Strahlung aufweist, entsteht durch die Entsagung aus Liebe, deren diese Vogelmutter fähig ist.
Die Aura der Jungvögel erstrahlt im Rosa der Liebe. Es ist stärker bei den beiden Kleinen, die der Mutter zugewandt sind, als bei dem weiter hinten sitzenden Jungvogel. Die Blau-Töne des Geborgenseins in Gott gehen teilweise in das grünliche Blau über, welches durch das Vorhandensein angeborener Verhaltensmuster entsteht.

Die harmonischen Farben und Formen dieser Auren bilden sich durch die gegenseitige liebevolle Zuwendung von Mutter und Kindern.

Farbtafel 39
Aura einer Amsel im Morgengrauen

Diese Amsel sitzt auf dem Zweig eines Kastanienbaumes, dessen Knospen sich soeben öffnen. Sie singt ein Lied zu Gottes Lob und Preis. Es ist keine Phantasterei und keine menschlich-falsche Interpretation eines instinktmäßigen tierischen Verhaltensmusters, wenn dies gesagt wird. Die Amseln und viele andere Vögel loben in ihrem Gesang tatsächlich Gott, wenngleich es auch stimmt, daß sie durch ihren Gesang ihr Revier abgrenzen. Das eine schließt das andere nicht aus.
Die runde Aura dieser Amsel zeigt die reinen Rosa-Töne der Liebe und das zarte Blau des Ruhens in Gott. Die vielfältigen Töne des Amsel-Liedes bauen die schönen Formen auf, die sich in einem hohen Oval über die eigentliche Aura erheben. Die Kraft des Gesanges bestimmt die Höhe des Gebildes, das um so vieles größer ist als der kleine Vogel. Aus der Differenziertheit der Liedstrophe ergibt sich der Reichtum der Formen, in denen sich die Farben der Aura wiederholen. Hinzu kommen verschiedene Violett-Töne. Sie entstehen, weil der Gesang der Amsel im Morgengrauen ein Gottesdienst ist und weil er sich in festgelegten Formen vollzieht. Dazwischen tanzen Lichtgebilde wie feurige Funken, zarte Sternchen und Strahlungen, die wie goldglänzende Kronen aussehen. Die Gläubigkeit rankt sich empor wie eine schöne Pflanze. Von oben kommt die Antwort in der Form einer Lichtstrahlung, welche die Aura der Amsel umfaßt. Der blau-silbrige Strahlenkranz, der das Gebilde umgibt, entsteht durch den Austausch der göttlichen Lichtkräfte und jener, die dieser Vogel durch sein Lied aufbaut.
Die Seele dieser Amsel ist sehr weit entwickelt. Sie stellt die Kräfte ihres Liedes in den Dienst für andere.

Die Schwingung des so erzeugten Wundergebildes wirkt wohltuend auf die ganze Umgebung. Die Knospen der Kastanie vibrieren im weiß-rosa Licht der Aura und entfalten sich umso besser, je schöner die Amsel singt.

Farbtafel 40
Aura einer singenden Amsel

Diese Amsel singt ein fröhliches Lied. Die sprühende Lebensfreude bringt die Formen der Funkengarben und der Flämmchen hervor. Die ganze Aura ist erfüllt und umhüllt von den Formen der jubelnden Töne. Die Seele dieser Amsel ist weit entwickelt. Ihre Aura enthält das göttliche Weiß, die Gelb- und Orange-Töne der Erkenntnis und der Freudigkeit, das Rosa der Liebe und die zarte Fliederfarbe der Entsagung aus Liebe. Die dunkleren und rötlichen Violett-Töne – beim Menschen religiöse Ideen und dogmatischer Glaube – entstehen bei der Amsel durch vorbestimmte Verhaltensmuster ihrer Art. Die Blau-Tönung des Ruhens und des Vertrauens in Gott umgeben die Aura, die durch den Gesang zu herrlicher Größe geweitet ist.

Farbtafel 41
Aura eines Rotkehlchens

Das Lied dieses Rotkehlchens erzeugt die schönen Blütenformen. Der Vogel besitzt eine entwickelte Seele und legt in den Augenblick des Singens sein ganzes Wesen; deshalb ist seine innere Aura – die Form des physischen Körpers wiederholend – fast weiß. Alle seine guten Kräfte weiten sich zu der großen Aura in Blütenform.
Sie enthält das Weiß der göttlichen Liebe, das Gelb der Erkenntnis und das Blau des Ruhens in Gott. Im obersten Teil der Aura schweben farbige Monde,

und bunte Lichtkugeln tanzen auf und ab. Dem Schnäbelchen entspringen goldene Perlen, und eine helle schmale Flamme schwingt sich durch alle Formen hindurch empor, dem göttlichen Licht entgegen.
Die Knospen nehmen diese Schwingung auf, wodurch ihre eigenen Schwingungen verstärkt werden. Sie empfangen Impulse aus dem Lied des Vogels, welche die Kräfte des Wachsens und Blühens verstärken.

Farbtafel 42
Aura einer Lerche und einer Kirche

Es ist Sonntagmorgen. In der Kirche findet ein Gottesdienst statt. Die Gemeinde singt gerade ein Lied, und die Orgel spielt dazu. Aus den Gebeten der Gläubigen, den Tönen des Orgelspiels und dem Gesang erbauen sich die herrlichen farbigen Formen.
Diese Aura umgibt die Kirche nicht nur auf zwei Seiten, sondern rundum, wie an der äußeren rosa Strahlung zu sehen ist, deren untere Enden von den dazwischenliegenden Hügeln verdeckt werden.
Aus Liebe und Erkenntnis erbaut sich eine gotische Form, die in ihrem oberen Teil eine weiße Lichtkugel trägt, das Symbol der göttlichen Vollkommenheit.
Die äußere romanische Form der Aura ist aus dem Rosa der Liebe gebildet, in das ein wenig vom Violett des dogmatischen Glaubens mit einfließt, denn der christliche Gottesdienst vollzieht sich nach einem festgelegten Ritual.
Verstandeskräfte bringen die grünen, Freudigkeit aus gewonnener Erkenntnis die orangenen Formen hervor. Die Bekrönung der Aura bildet eine Wiederholung der weißen Lichtkugel, als Gottessymbol, hier in der Form einer Sonne gestaltet, die auf dem zartblauen Hintergrund des Ruhens in Gott erstrahlt. Darüber wölbt sich ein Bogen reinster Liebe.
Die kleine Kapelle rechts von der Kirche hat auch ihre Aura, ebenso die Wohnhäuser des Dorfes und die Bäume.
Hoch über der Kirche singt eine aufsteigende Lerche ihre jubelnden Strophen.

Sie lobt Gott auf ihre Weise. Die Lerche schwebt im göttlichen Weiß, umgeben von den Rosa-, Gelb- und Blau-Tönungen der Liebe, der Erkenntnis und der Gottesnähe. Vom Violett des dogmatischen Glaubens fließt auch ein wenig mit ein, denn das Aufsteigen und Singen dieses Vogels vollzieht sich nach einem vorgegebenen Verhaltensmuster seiner Art. Die schönen Formen und die weißen Lichtkügelchen ergeben sich aus dem trillernden Gesang. Das rosa schwalbenschwanzartige Gebilde deutet die Spur an, welche die Lerche hinterläßt, denn die Aura ihres Gesanges bewegt sich mit ihr aufwärts. Die Strahlenkrone der Aura ergibt sich aus der Verbindung der singenden Lerche mit Gott.

Farbtafel 43
Aura eines Konzerts

Im Vordergrund des Bildes sieht man den Dirigenten und das Orchester. Die Aura des Dirigenten bei der Arbeit ist hoch und weiß, mit einer goldenen Strahlung. Sie bildet zugleich den Kern der großen Aura, die durch die sechs überaus großen Devas der Musik aufgebaut wird. Der siebente Deva (links unten) verstärkt die Kraft der Musiker und des Dirigenten, steigert so die Qualität des Vortrages. Es ist ein Deva der Musik und der Gestaltung, der dem Orchester als Genius und geistiger Leiter beigegeben ist.
Die anderen Devas bauen aus den Tönen und aus den Gefühlen der spielenden Musiker dieses herrliche riesengroße Gebilde auf. Die Gefühle, welche die Musik bei den Zuhörern auslöst, werden ebenfalls mit hineinverwoben. Ihr andächtiges Lauschen und inneres Mitgehen verstärkt die Kraft und Schönheit der Formen und Farben. Es entstehen geometrische Formen und Blütengebilde. Der strahlende Stern im oberen Teil verkörpert die Gotteskraft, die der dargebotenen Musik innewohnt.
Die Aura des Konzerts bleibt stunden- oder tagelang bestehen. Ebenso lang erklingt in ihr das Thema des Musikstückes in vielfältigsten Variationen. Es ist also nicht so, daß die Musik vorüber ist mit dem Verklingen der letzten Töne.

Musik übt nicht nur eine Wirkung auf das Gemüt der Zuhörer aus, sondern sie ist eine Aufrufung von Kräften in der geistigen Welt, und die Devas arbeiten mit ihnen. Diese Kräfte sind sehr unterschiedlich, je nach Art der Musik. Die Aura jedes Musikstücks erscheint anders, und die Helfer, die sie aufbauen, ändern sich mit der Musik.

Das Erscheinen der Aura und das Erklingen der Musik in der geistigen Welt lockt viele Verstorbene an, die andachtsvoll lauschen. Sie kommen selbst oder werden von ihren Betreuern gebracht. Den Fortgeschrittenen gibt es neue Kraft und Freude, den anderen ist es eine Hilfe bei der schweren Arbeit an sich selbst, die sie bis zur nächsten Inkarnation zu leisten haben.

Auch an Gottesdiensten und kulturellen Veranstaltungen nehmen oft viele Verstorbene teil.

Wilde, ungezügelte Musik zieht Wesenheiten und Seelen Verstorbener aus den Astral- und Zwischenreichen an. Gute Musik ruft edle Devas herbei.

Die Devas der Musik sind riesenhafte Gestalten von großer Lieblichkeit und unvorstellbarer Erhabenheit und Schönheit.

Farbtafel 44

Aura eines Pfingstgottesdienstes

Das Bild zeigt die im Krieg halb zerstörte Kirche von Prenzlau. Die Ätherform der nicht mehr vorhandenen Teile sieht man als zarte Linien, die den Verlauf des ehemaligen Dachfirstes und den zerstörten Turmhelm nachzeichnen.

Über der Kirche schwebt der Engel dieser Gemeinde. Neben der Kirche sieht man zerstörte Häuser. Auf einem der Trümmer im Vordergrund blüht eine Distel mit schöner gelb-rosa Aura — das Leben geht weiter! Der hockende Gnom in der rötlich-lila Aura trauert um sein zerstörtes Heim, denn er ist ein Hausgeist. Die anderen Gnomen laufen zur Kirche, um am Gottesdienst teilzunehmen. Die Mutter rechts unten im Bild geht mit ihrem Kind ebenfalls zur Kirche. Die schönen, geordneten Farben der Aura weisen sie als geistig erwachten Menschen aus. In der Kirche haben sich trotz der Zerstörung Gläubige eingefunden zum Pfingstgottesdienst. Links und rechts der Kirche schweben Sylphen einzeln und in Gruppen dem Gotteshaus zu, um an der Feier teilzunehmen. Um die Kirche herum hat sich aus Gebeten und Gesängen eine Kuppel gebildet. Der Engel der Gemeinde schwebt inmitten rosiger wolkenartiger Gebilde und weiß-goldener Formen. Über ihm leuchtet die Lebensrune auf – Tod und Zerstörung sind besiegt. Darüber erscheint ein siebenstrahliger Stern. Im Zenit der Kuppel befindet sich das "Göttliche Quadrat" mit dem "Auge Gottes". Diese Form leitet über zu der aufwärts gewandten Kuppel, die sich noch um mehr als das Doppelte nach oben erweitert. In ihrer Mitte steht der segnende Christus, umgeben von Engeln und Heiligen.

Farbtafel 45
Aura eines Ostergottesdienstes

In der griechisch-orthodoxen Kirche ertönen liturgische Ostergesänge: „*Christus ist auferstanden, Er ist wahrhaftig auferstanden.*"
Die Kirche ist umgeben von großen arabeskenartigen Pflanzengebilden in verschiedenen Farben. Im Vordergrund sind Palmkätzchen und blühende Zweige angebracht. Um sie herum schweben Sylphenführerinnen in ihrer rosa Aura. Von der Kirche her lodern farbige Flammenzungen des Geistfeuers empor. Dahinter sieht man die goldenen Palisaden der Feste Gottes, der Schutzburg, in die der Mensch sich flüchten kann. An ihrer Spitze leuchten die goldenen Flammen des reinen, ungetrübten Geistfeuers, zugleich die Bekrönung des auferstandenen Christus bildend. Über der Kirche erscheinen in Arabesken die allgegenwärtigen Augen Gottes. Zwischen ihnen sieht man ein "M" in einem Herzen — das Marienzeichen. Aus ihm heraus erwächst das orthodoxe Christuskreuz auf dem Hintergrund eines purpurroten Herzens, das von Violett- und Blau-Tönen des dogmatischen Glaubens umgeben ist. Darüber formen die hellen Blau-Töne der Gottesnähe eine Scheibe, auf der die Weltkugel ruht. Ihre Basis bildet das Blaugrün des mit dem Verstand erfaßten Glaubens, der sich wandeln muß durch eine Verschmelzung von Verstand und Gefühl zum Glauben durch höhere Erkenntnis. Über der Welt schwebt der auferstandene Christus.
Die bläulich gekleideten aufsteigenden Gestalten sind Devas, an ihrer Spitze steht der Deva des Zeremoniells, der den Gottesdienst geistig leitet und den Aufbau der ätherischen Formen gestaltet. Die rosa gekleideten Wesen sind Engel. Die beiden großen Engel tragen die Gebete der Gemeinde zu Gott empor.

In der Mitte sieht man den Kreis der vierundzwanzig Ältesten. Über ihnen wölbt sich die bedeutungsvolle Form der spitzen Kuppel. In ihre Mitte hinein fährt der Heilige Geist, das Christus-Monogramm zwischen den Flügeln, die Spitze des Dreiecks berührend, das von unten kommt. So findet die geistige Vereinigung der Gläubigen mit Gott statt.

*„Der Geist der Wahrheit erschaut das Licht
und ist selbst Licht. Gott läßt sich nur finden
und erleben in der restlosen Hingabe im Geist
und in der Wahrheit, wie es uns Christus vorgelebt hat."*

Franz Wenzel

Die Farbtafeln

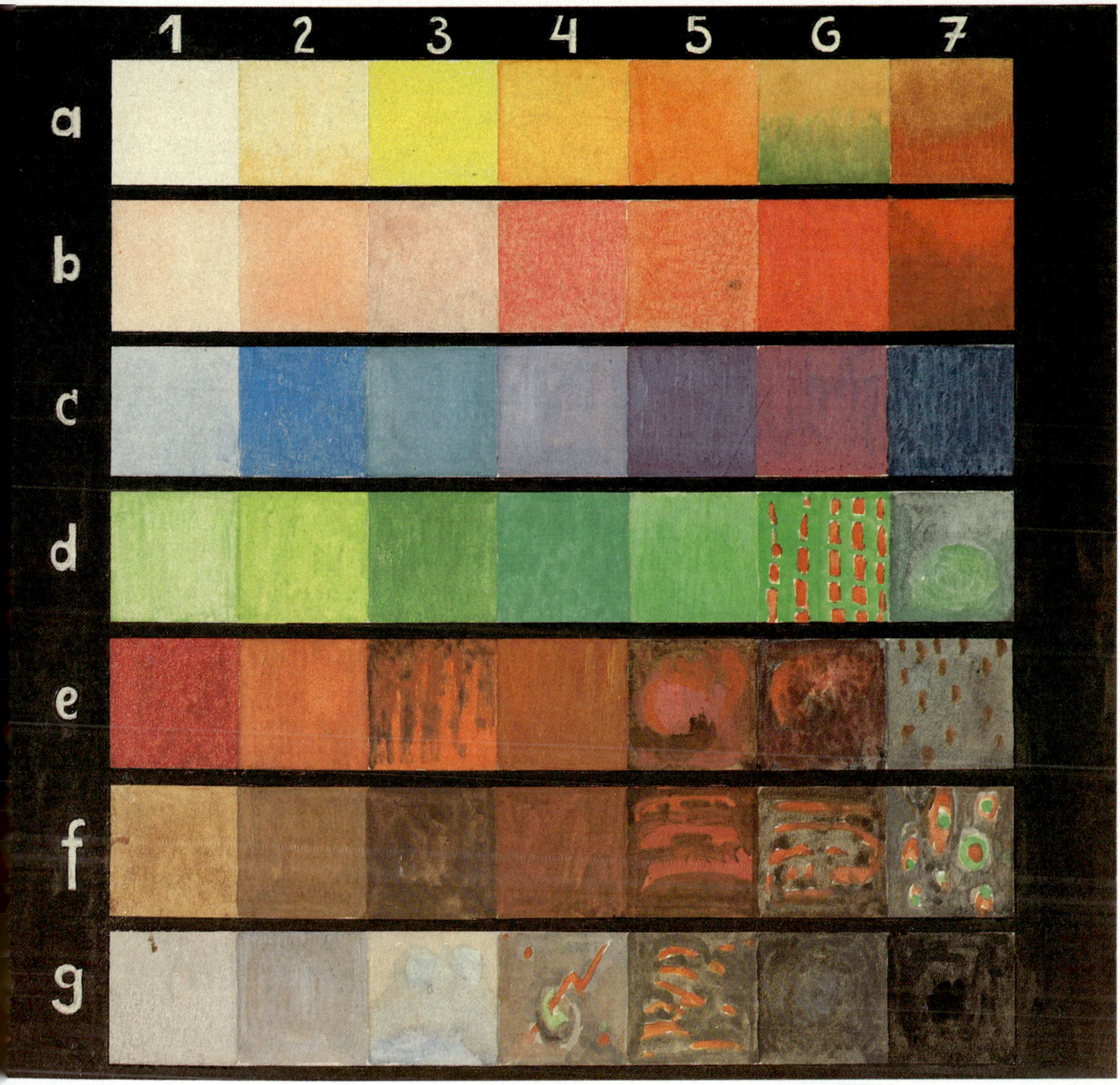

Farbtafel 1

Farbtafel 2

Astralhülle (Ebene)
Geist=Seele
Mentalhülle (Ebene)
Kausalhülle
4
2
3
1

Farbtafel 3

Farbtafel 4

Farbtafel 5

Farbtafel 6

Farbtafel 7

Farbtafel 8

Farbtafel 9

Farbtafel 10

arbtafel 11

Farbtafel 12

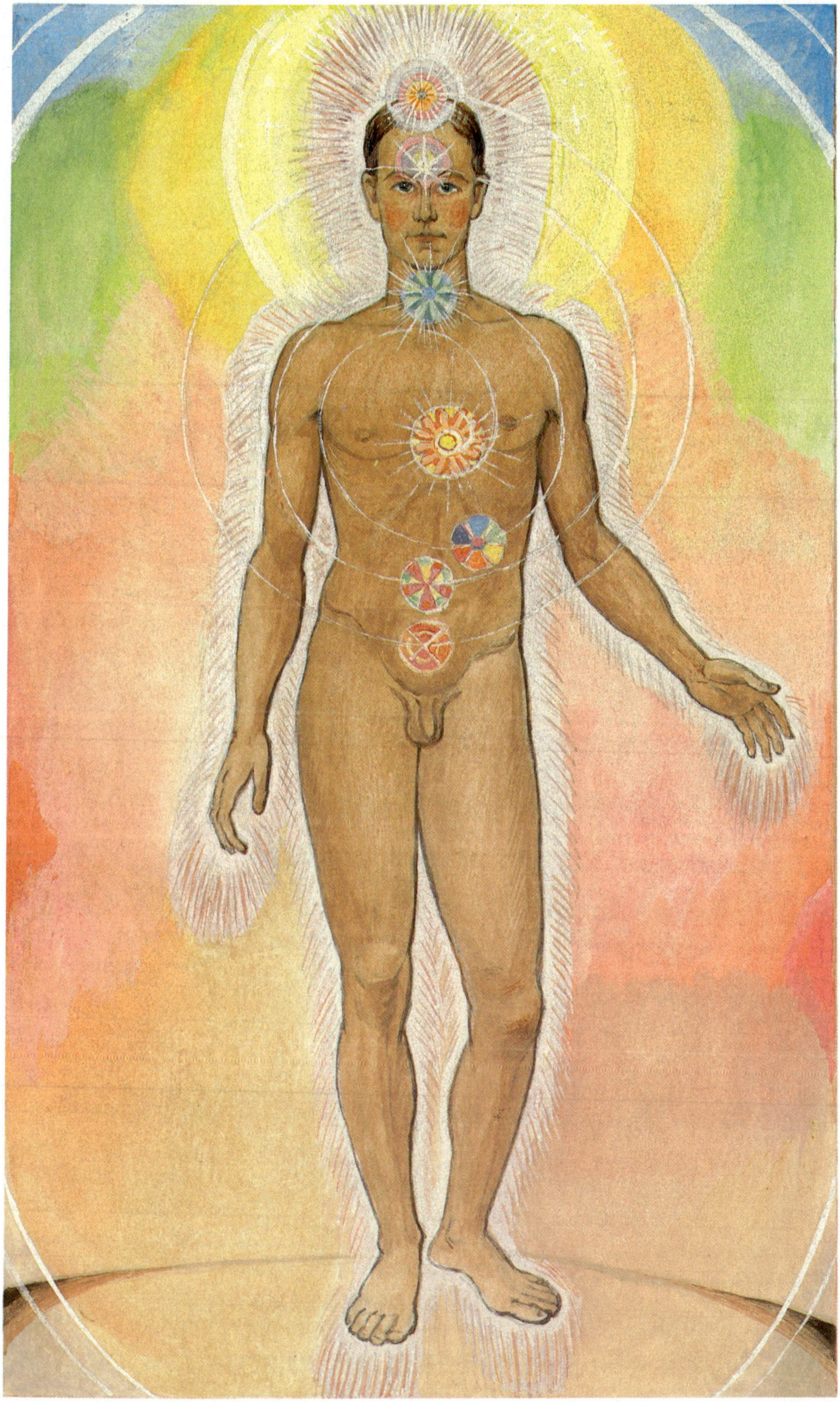

Farbtafel 13

Farbtafel 14

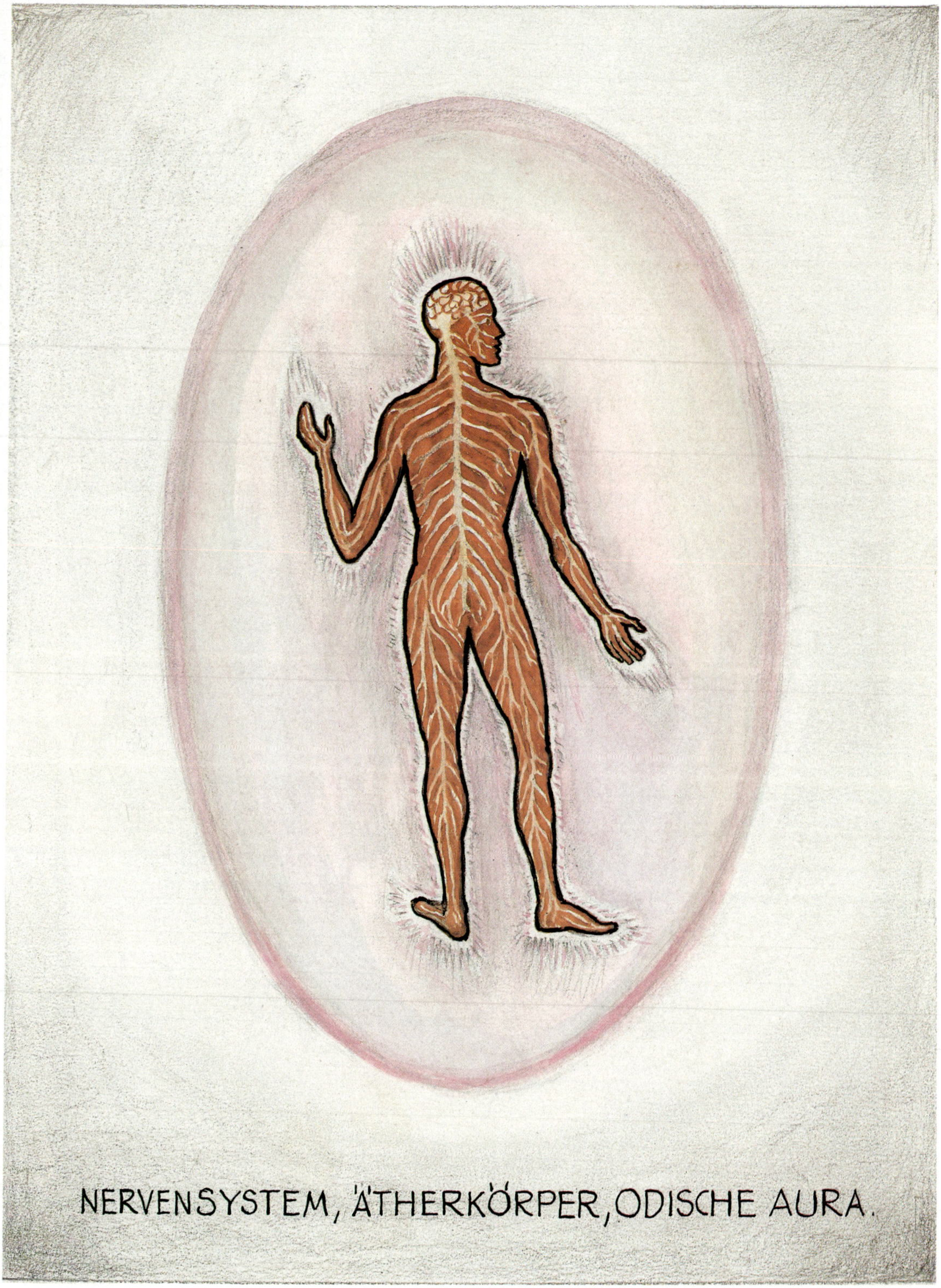

Farbtafel 15

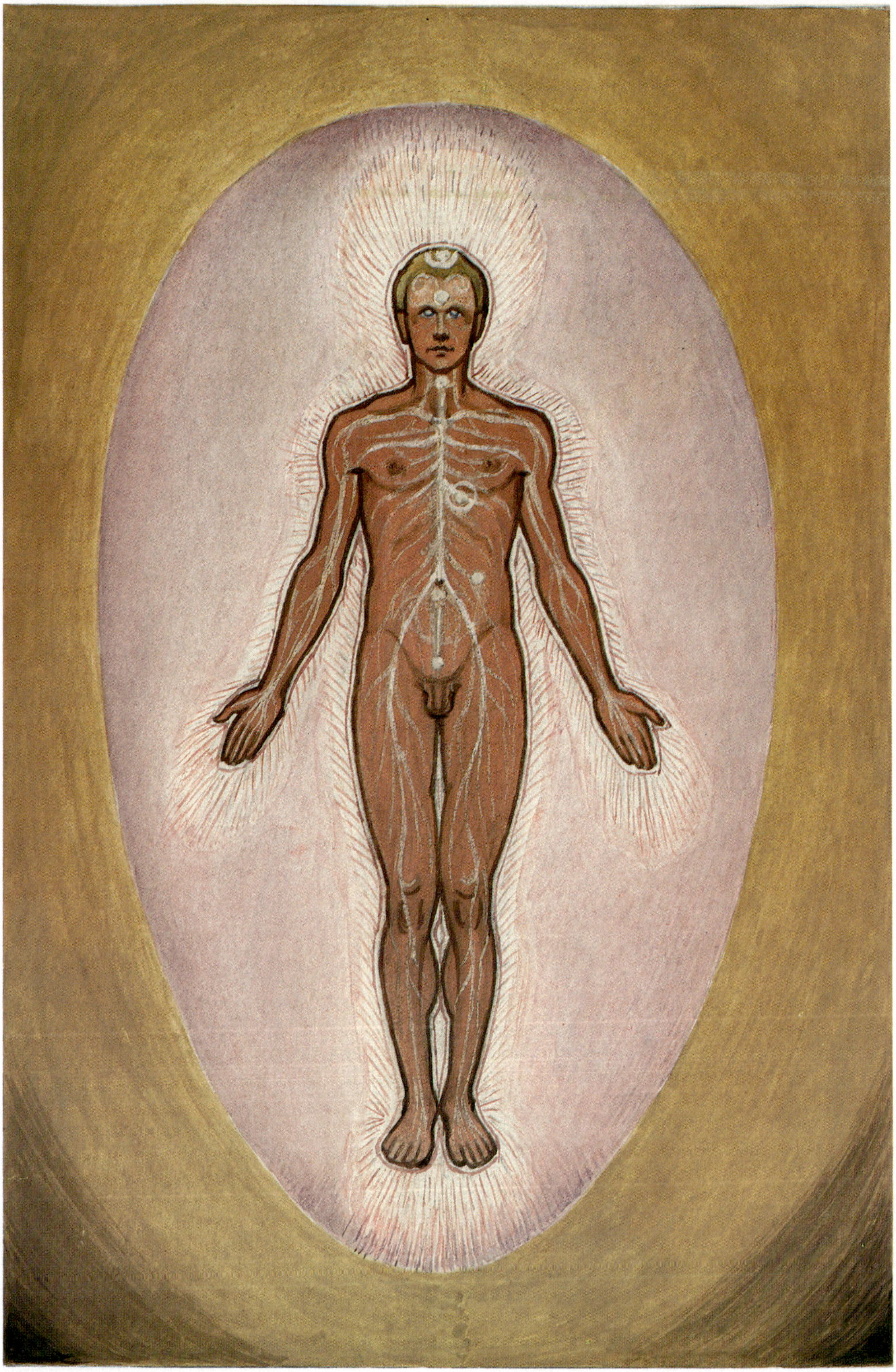

Farbtafel 16

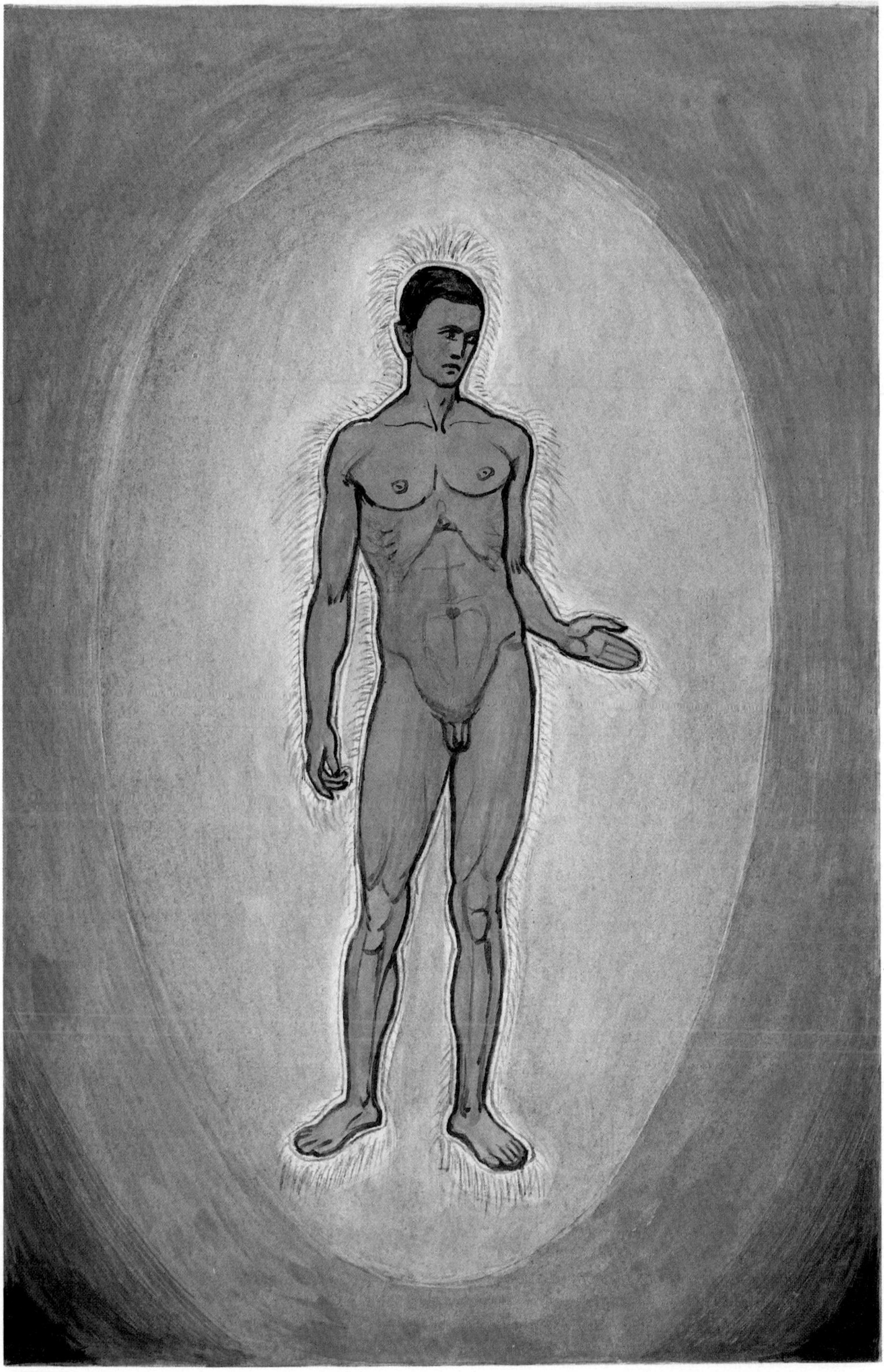

Farbtafel 17

Farbtafel 18

Farbtafel 19

Farbtafel 20

Farbtafel 21

Farbtafel 22

Farbtafel 23

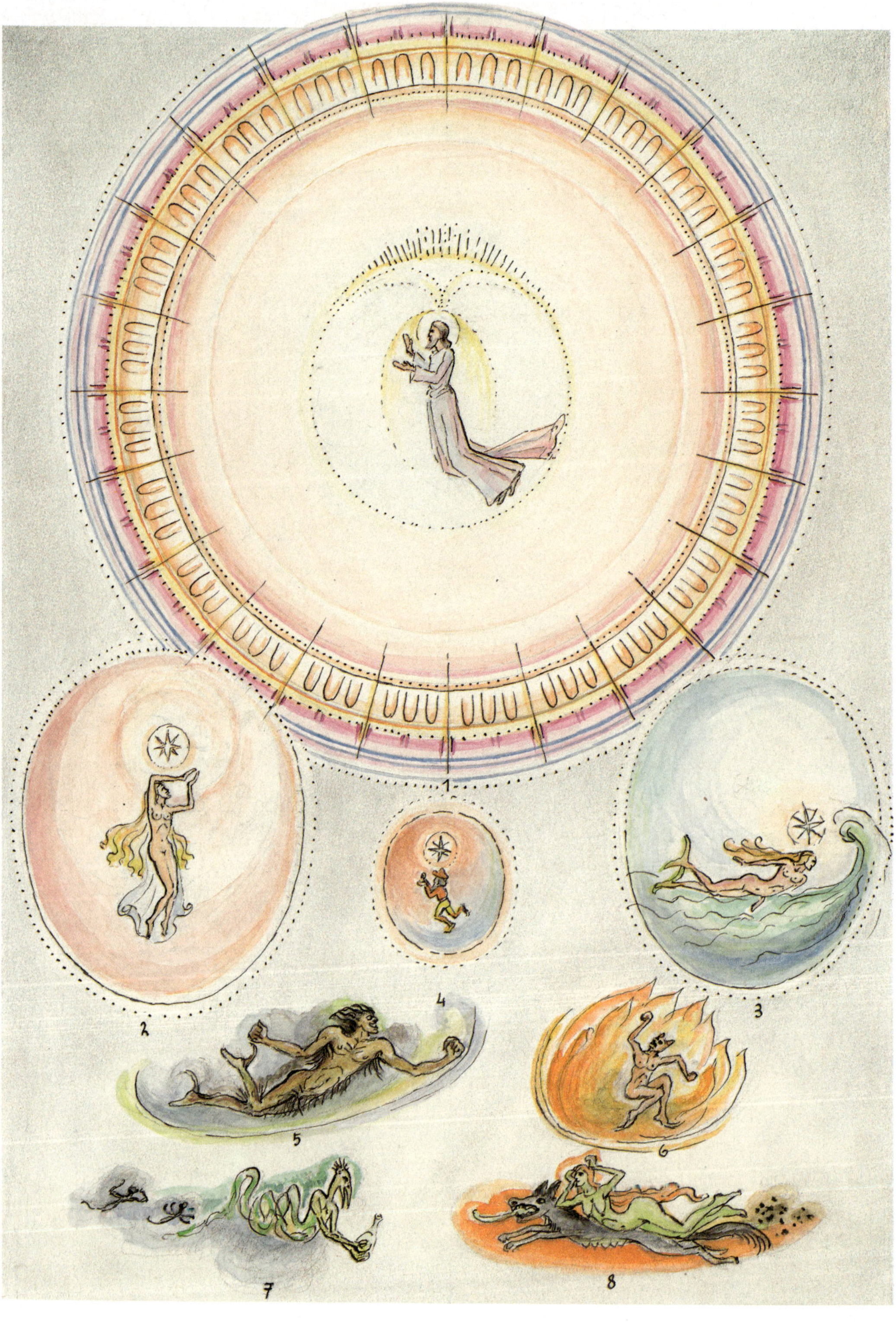

Farbtafel 24

Farbtafel 25

Farbtafel 26

Farbtafel 27

Farbtafel 28

Farbtafel 29

Farbtafel 30

Farbtafel 31

Farbtafel 32

Farbtafel 33

Farbtafel 34

Farbtafel 35

Farbtafel 36

Farbtafel 37

Farbtafel 38

Farbtafel 39

Farbtafel 40

Farbtafel 41

Farbtafel 42

Farbtafel 43

Farbtafel 44

Farbtafel 45